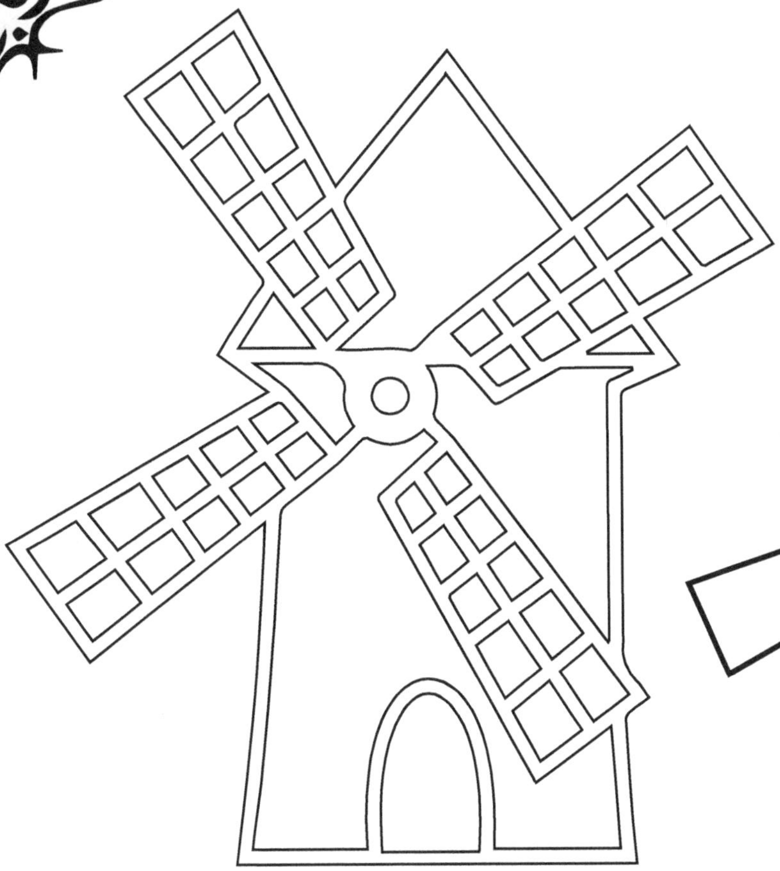

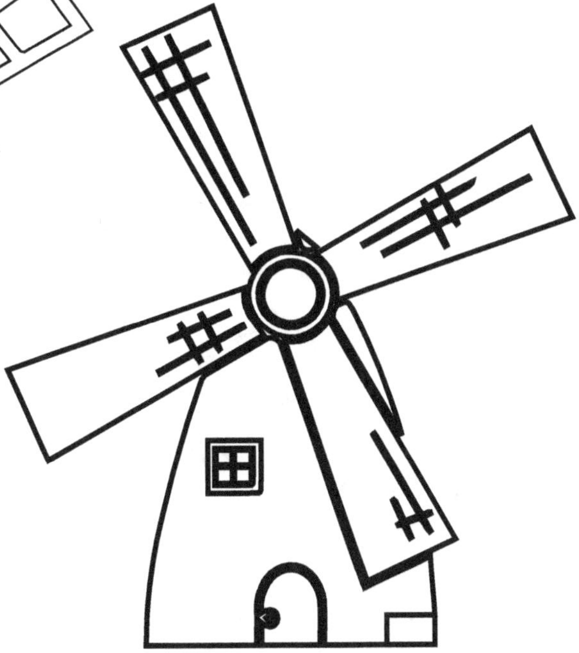

Livre de coloriage de moulin à vent

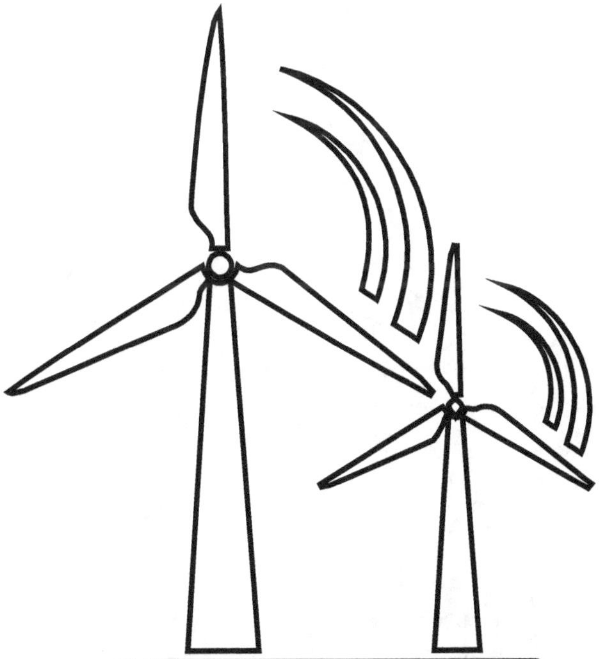

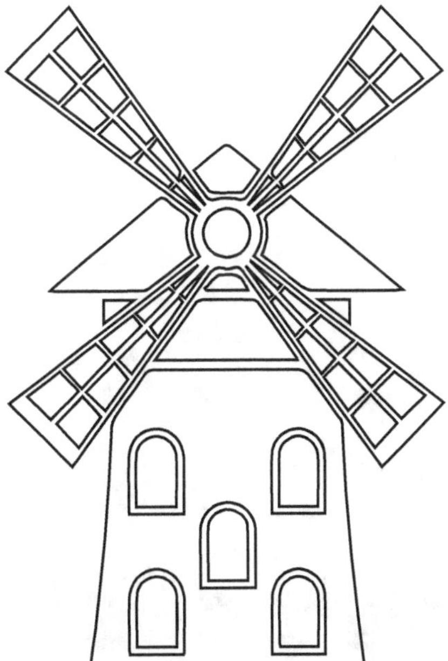

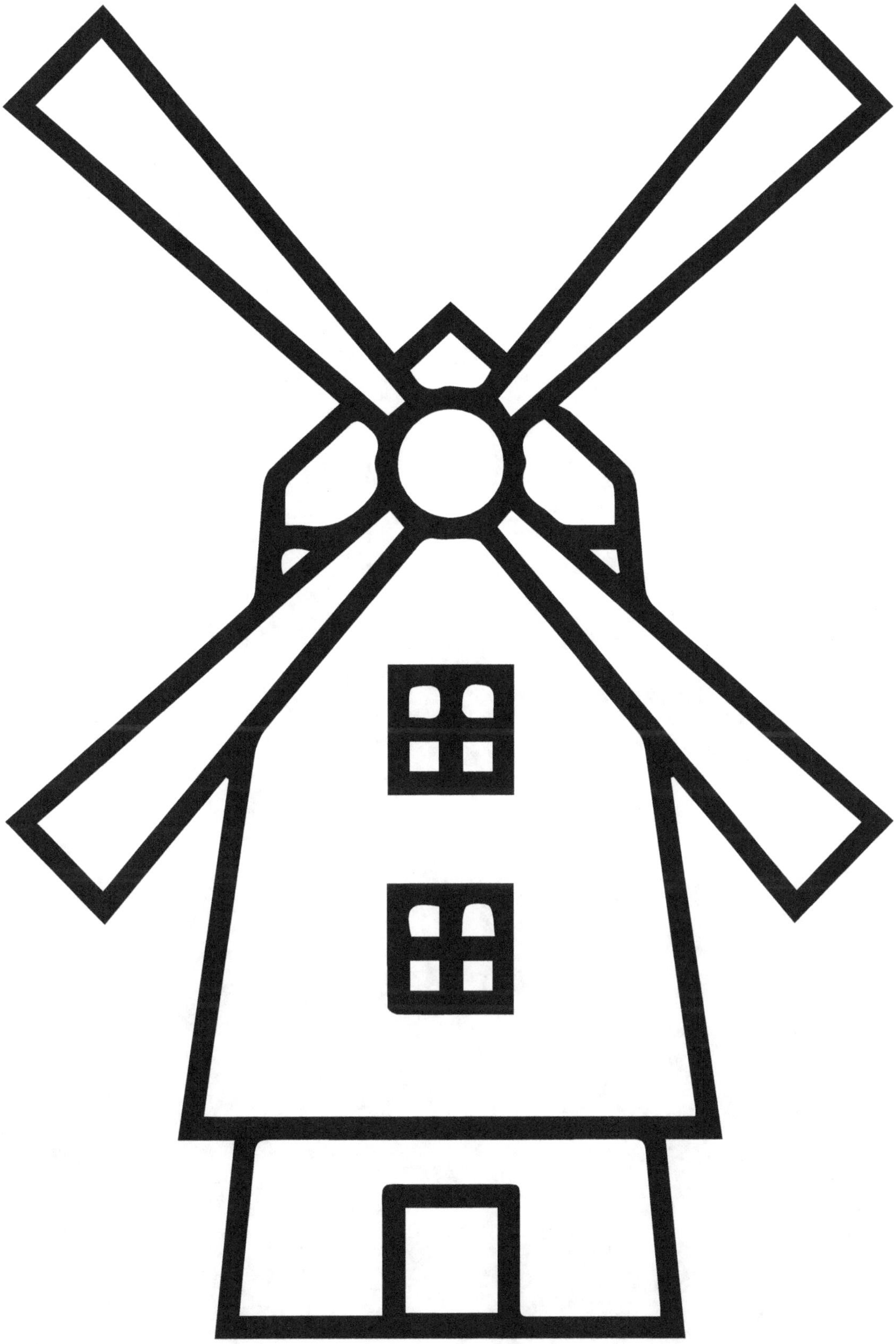

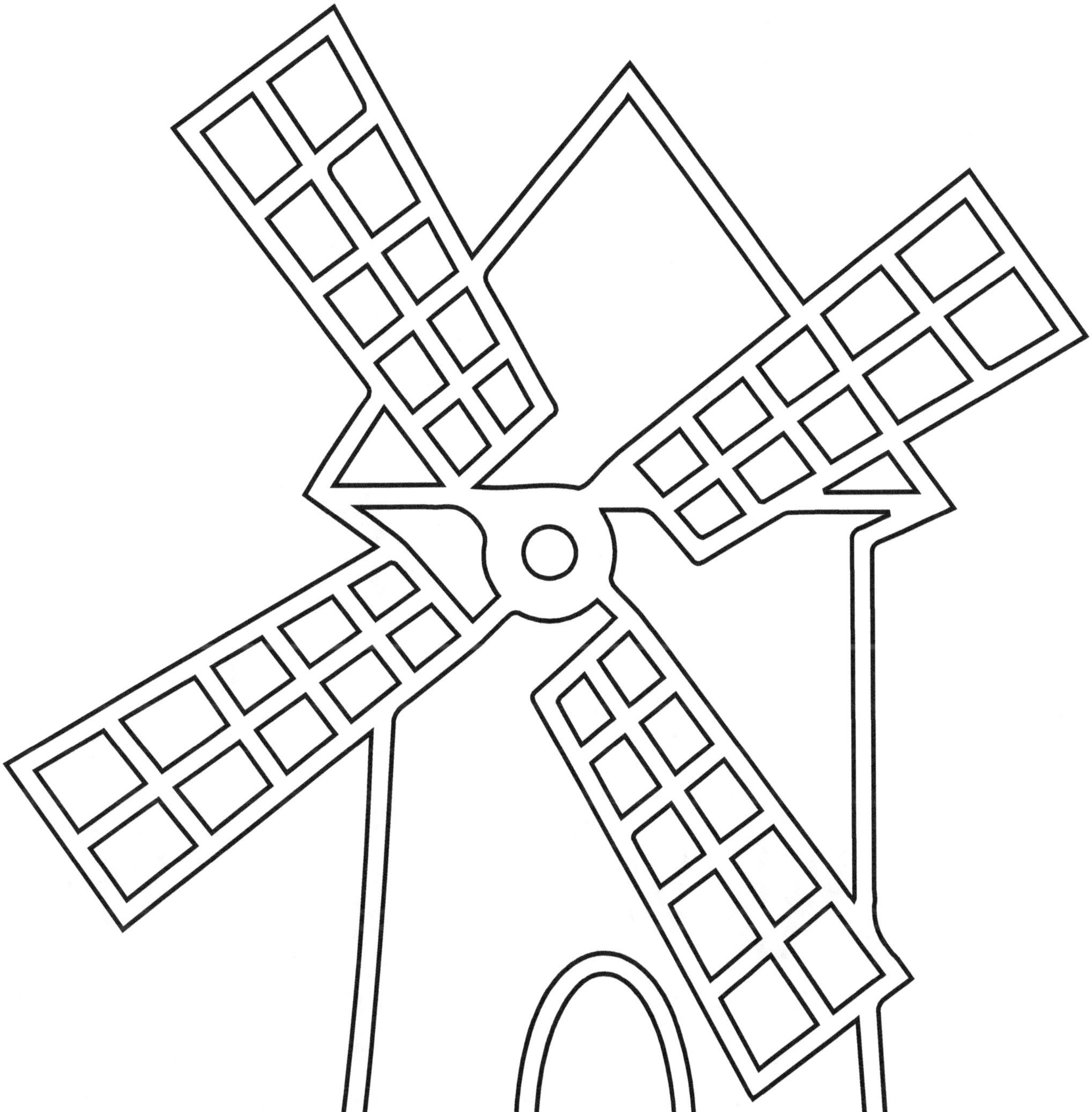

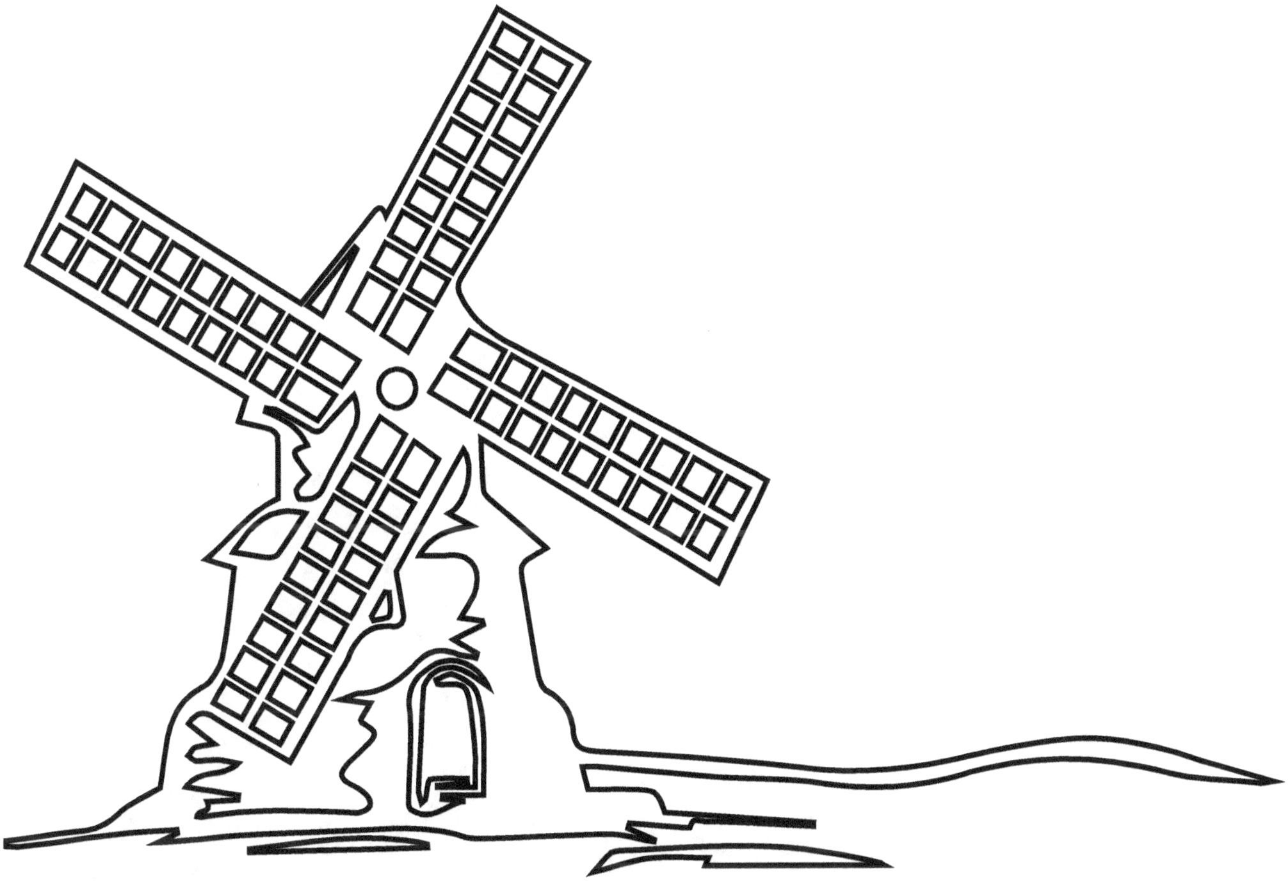

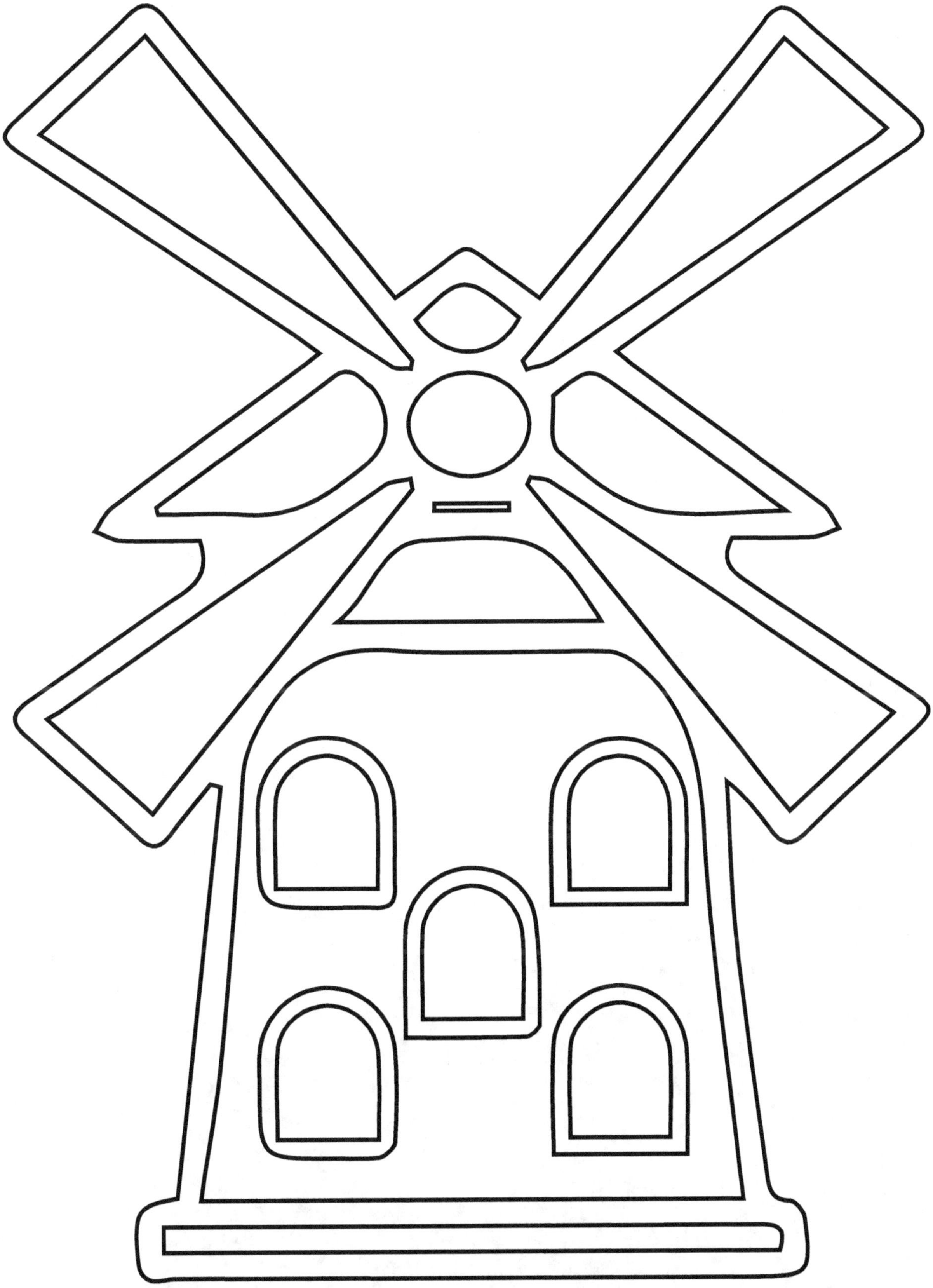

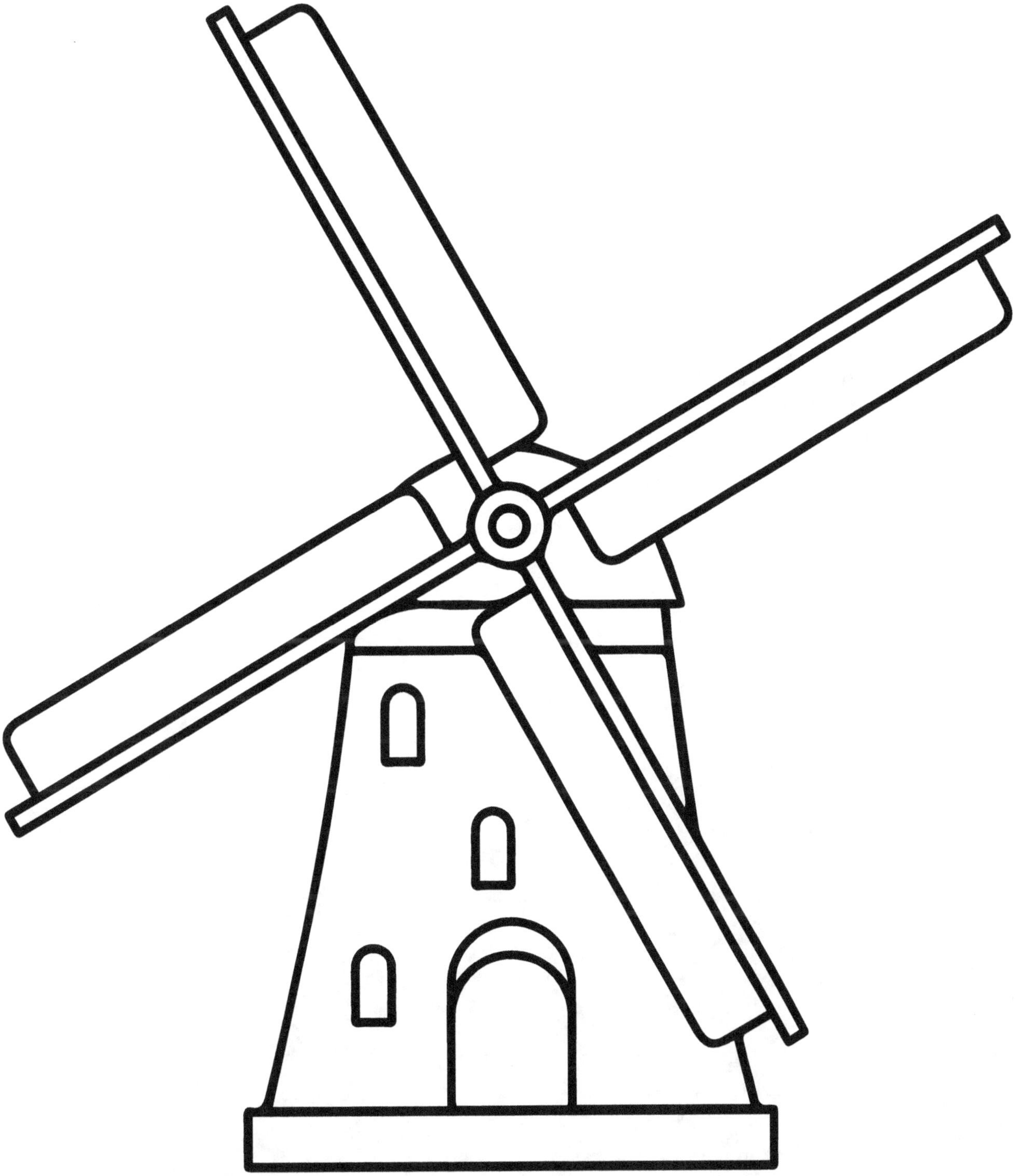

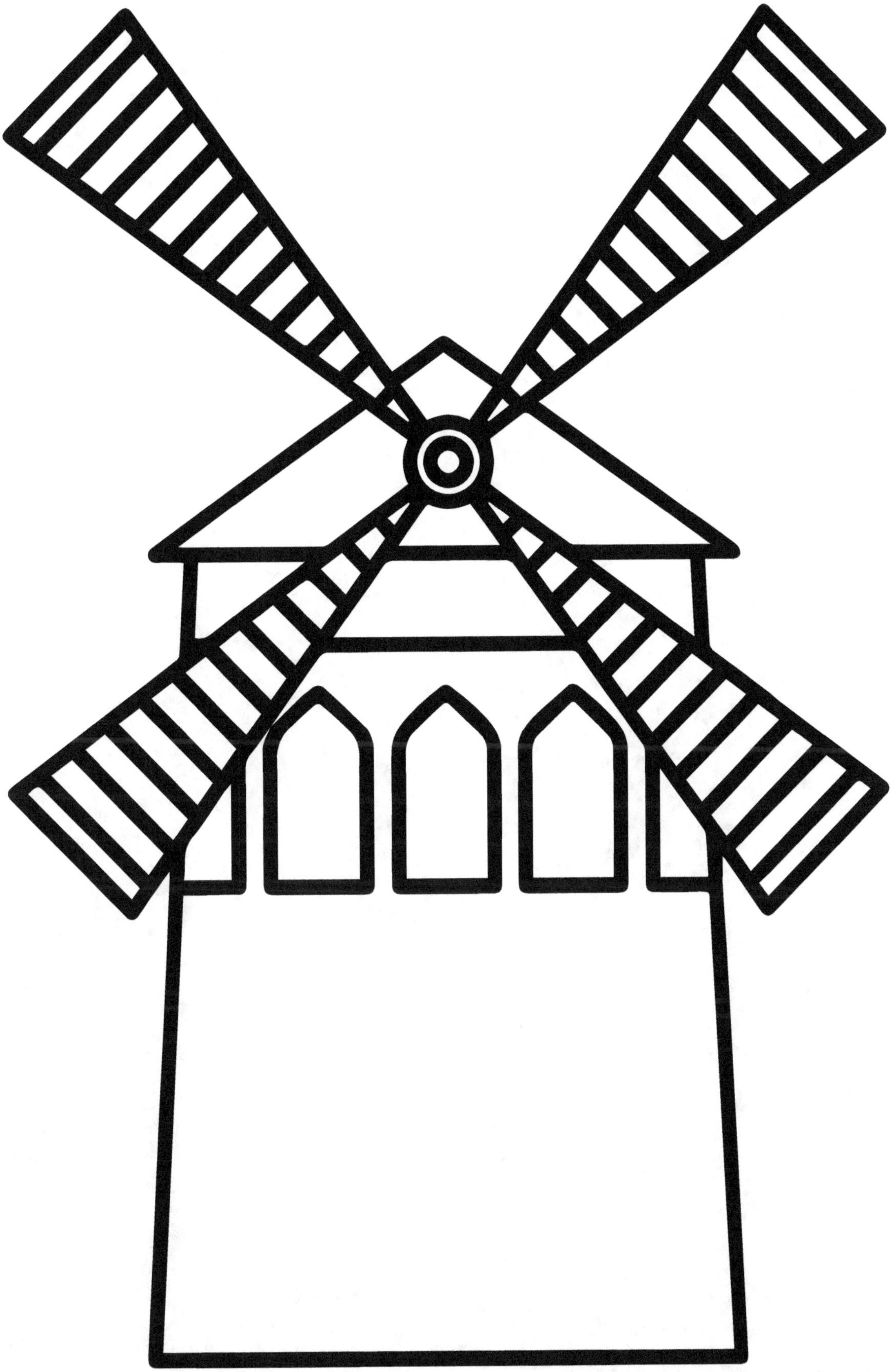

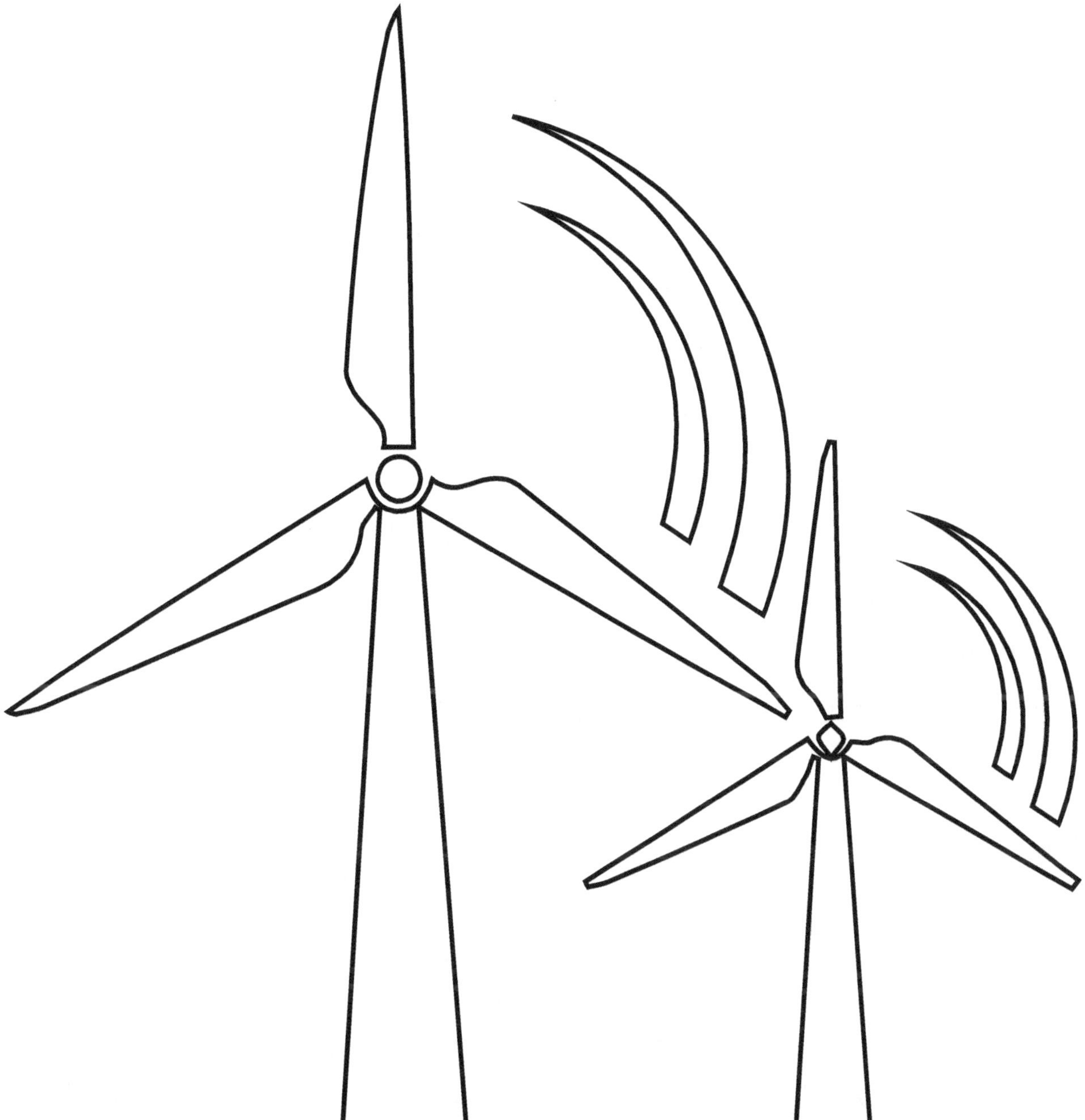

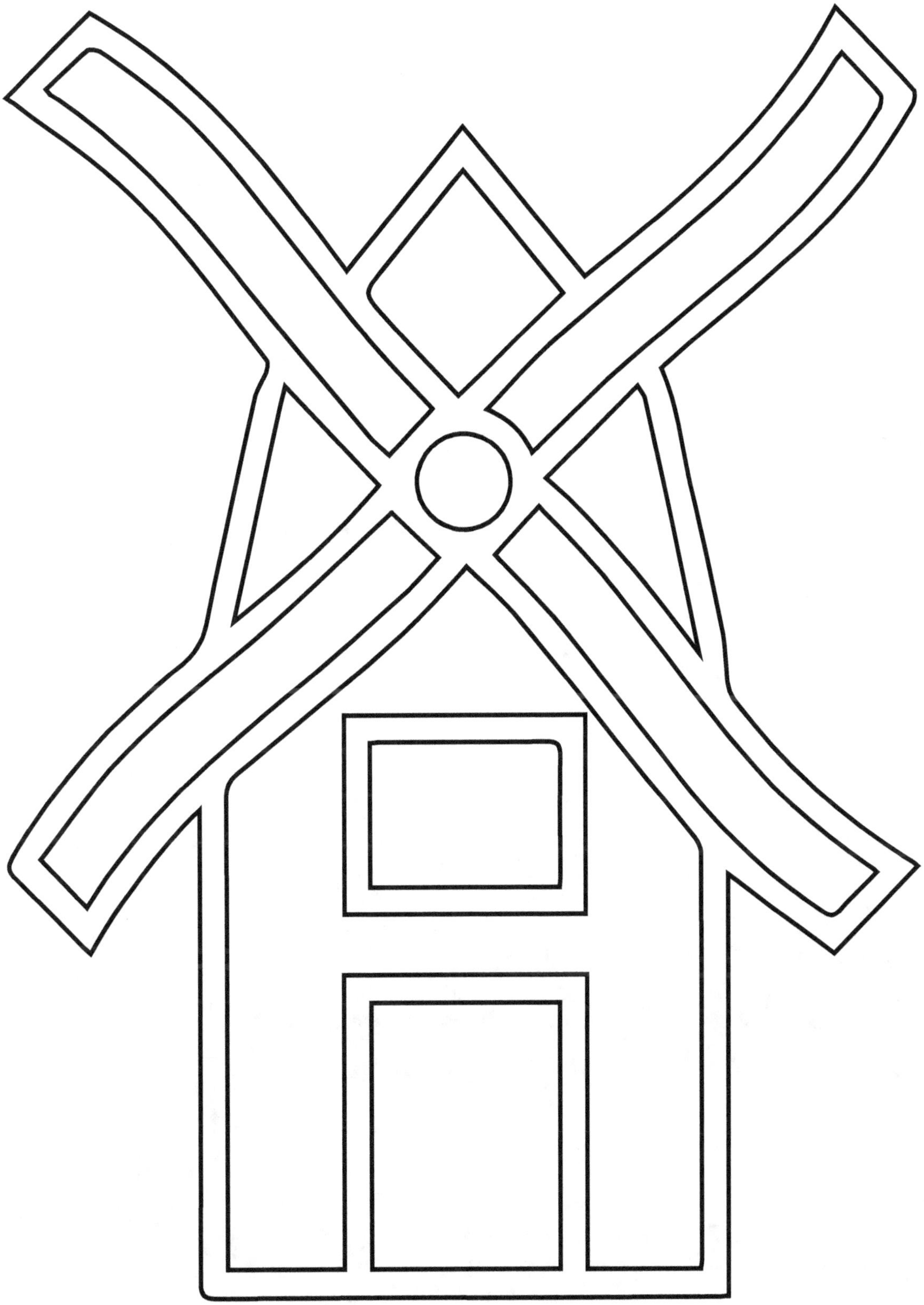

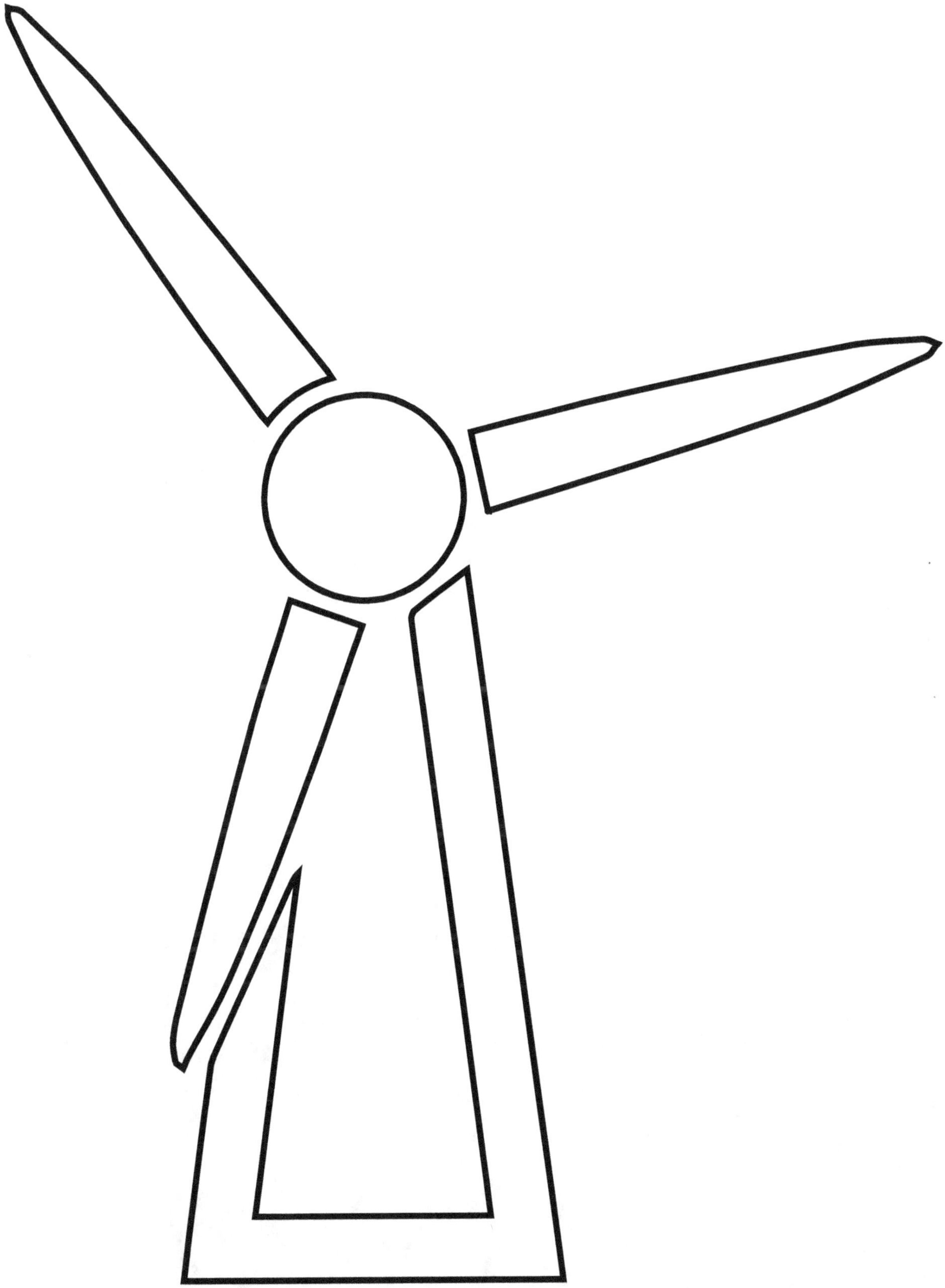

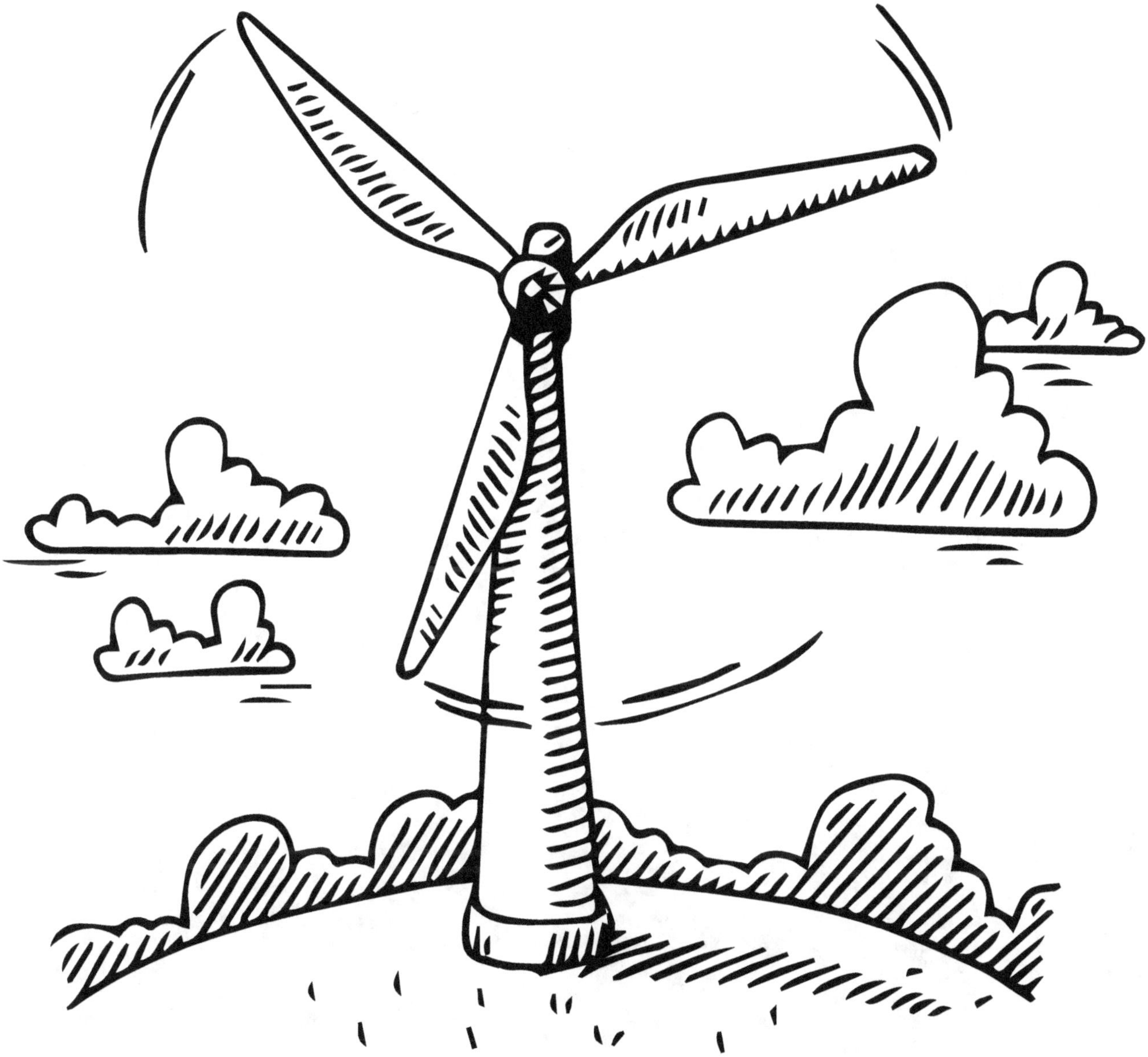

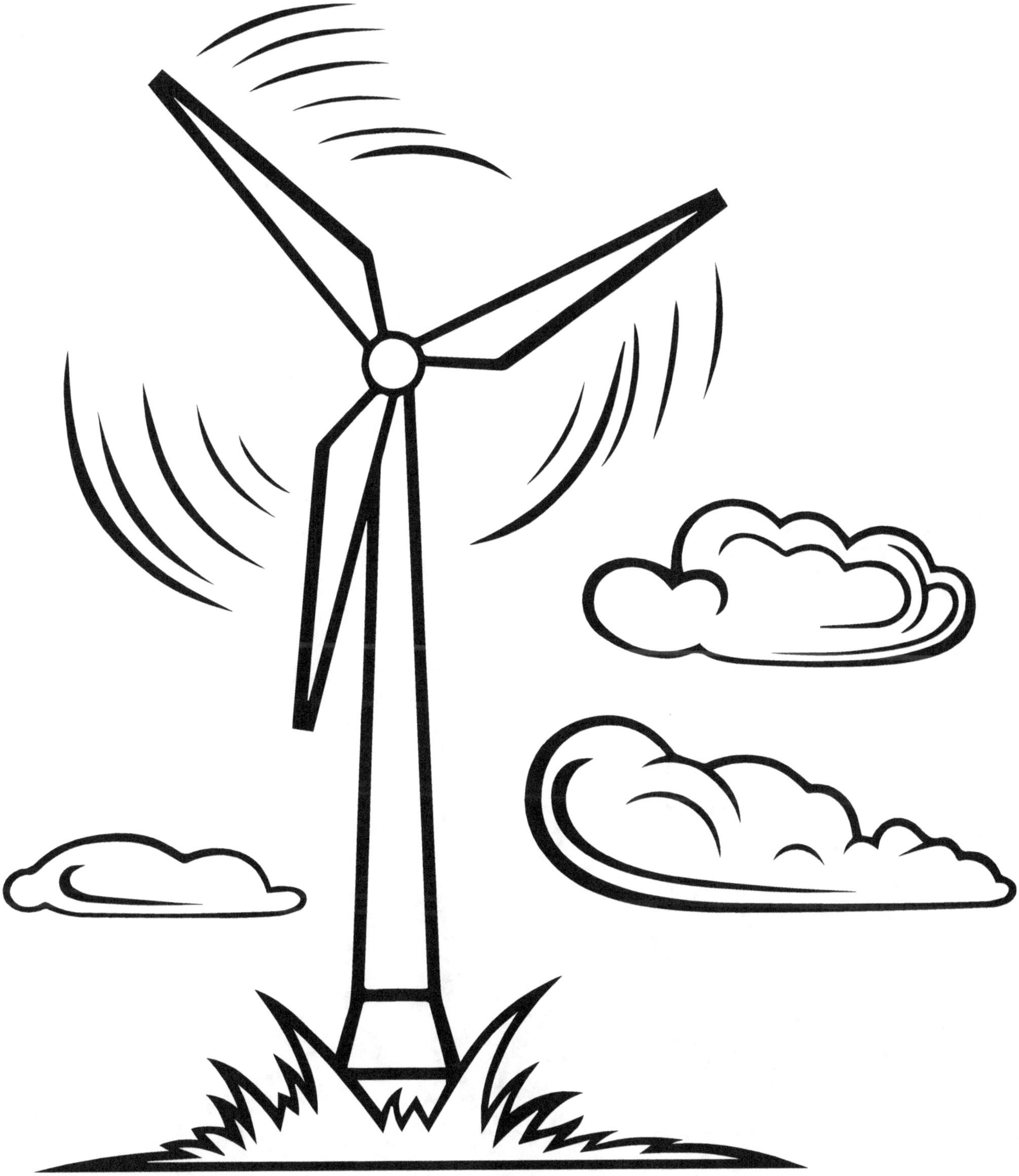

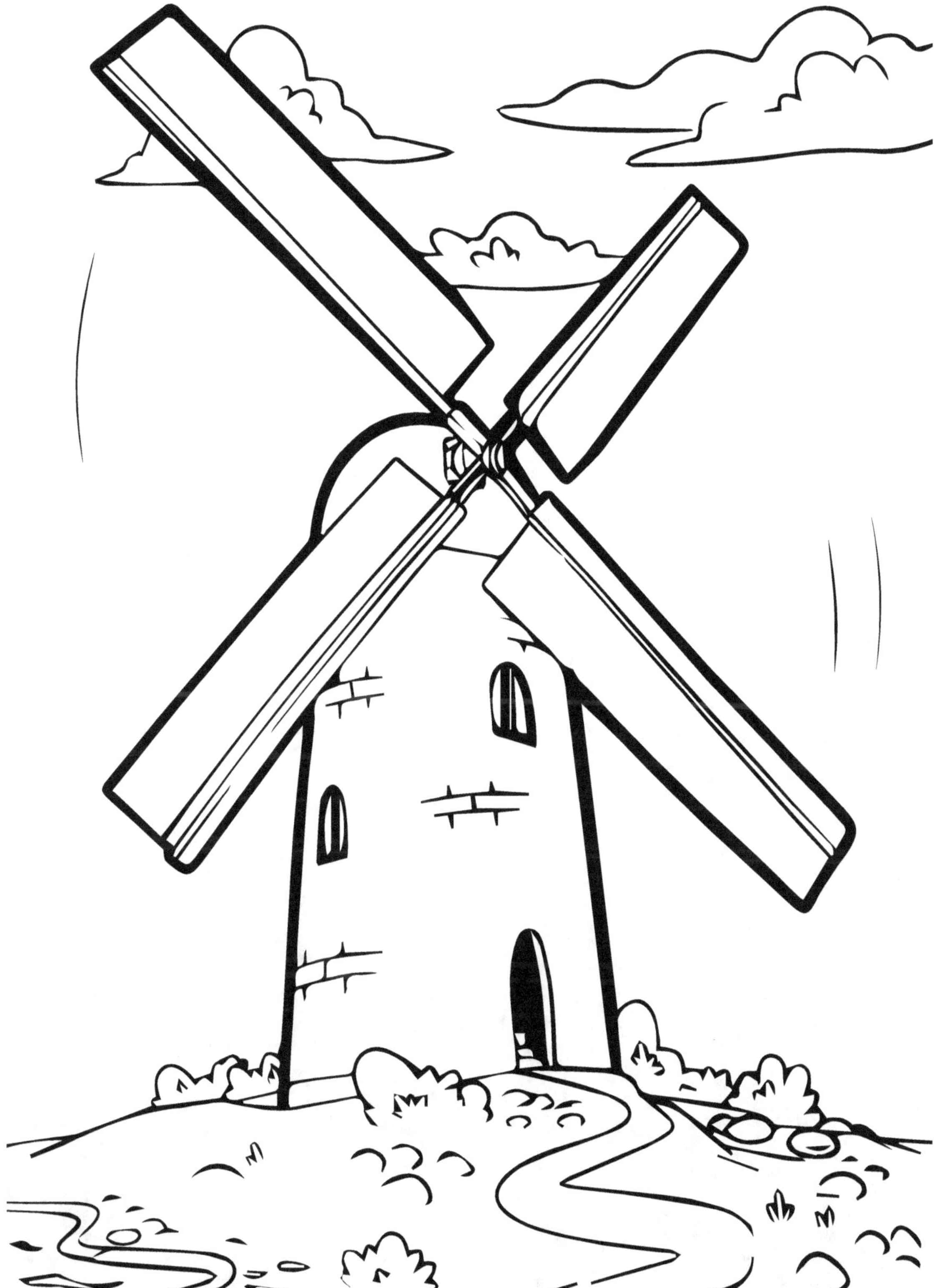

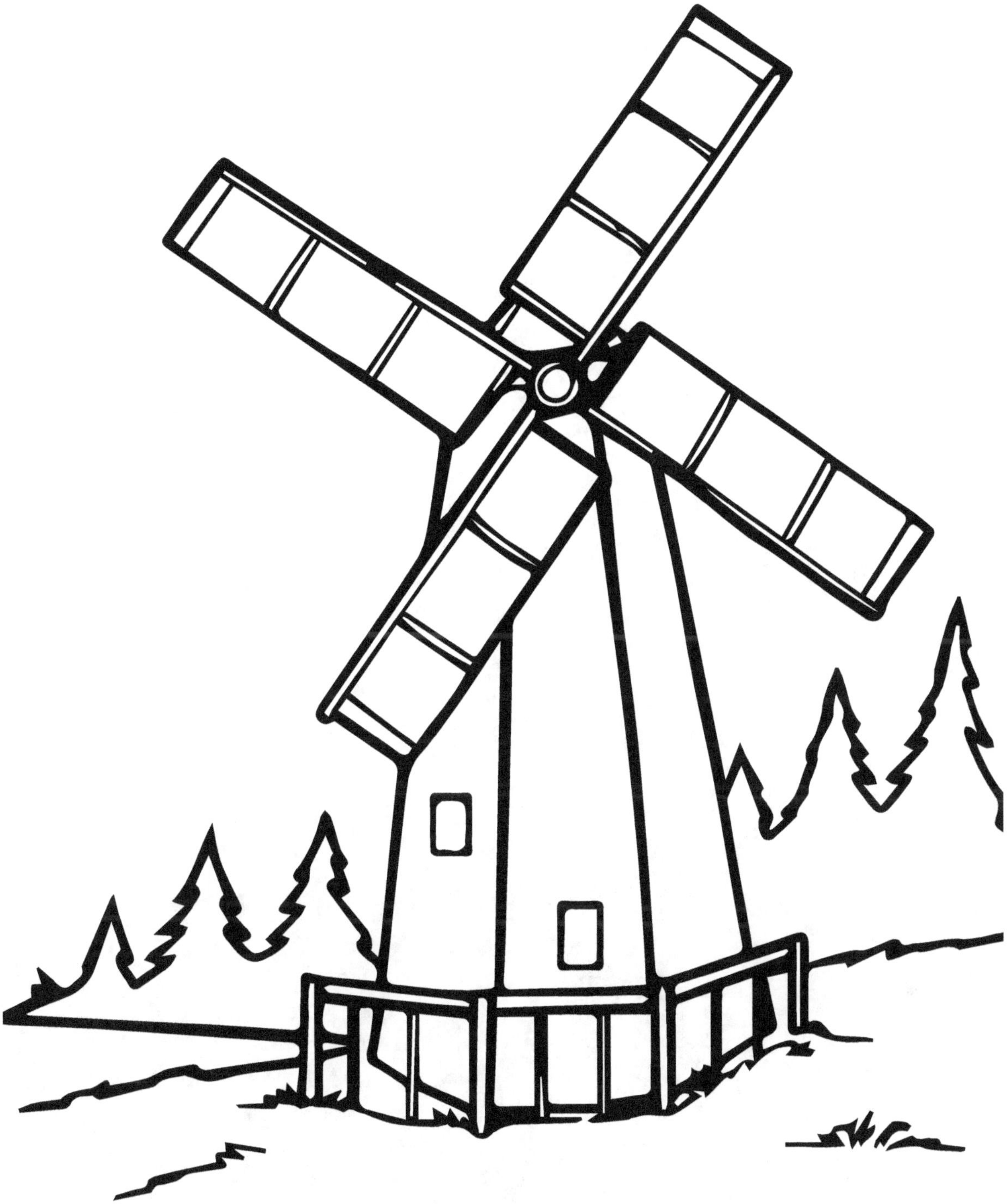

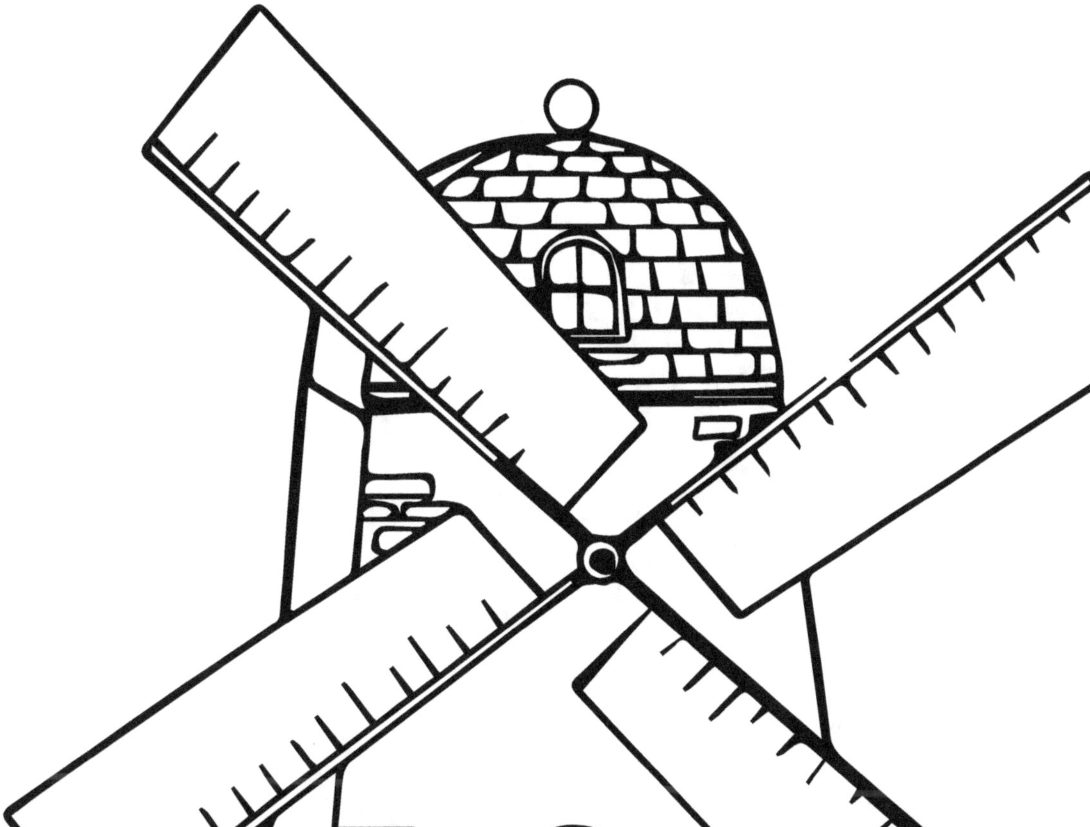

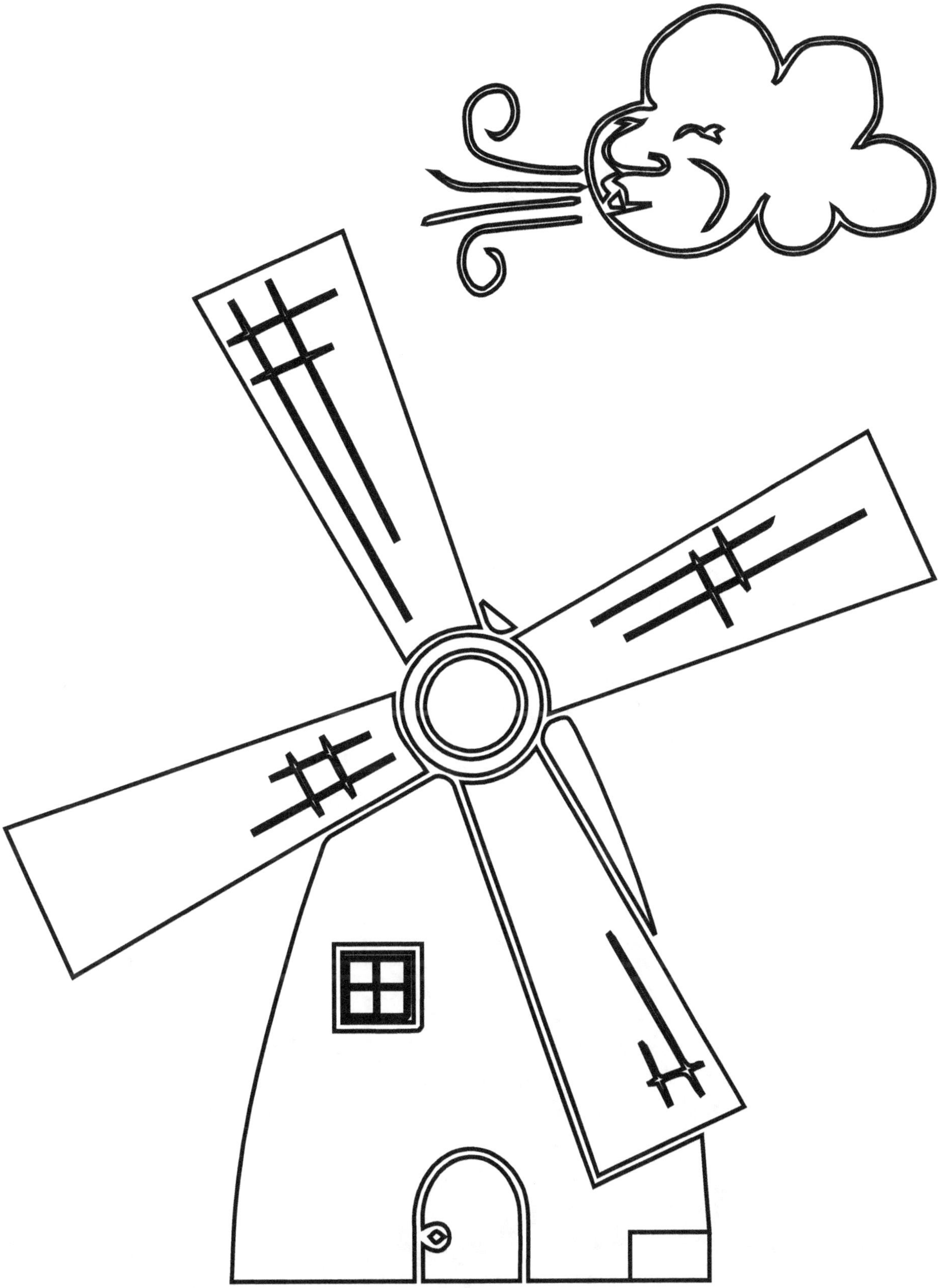

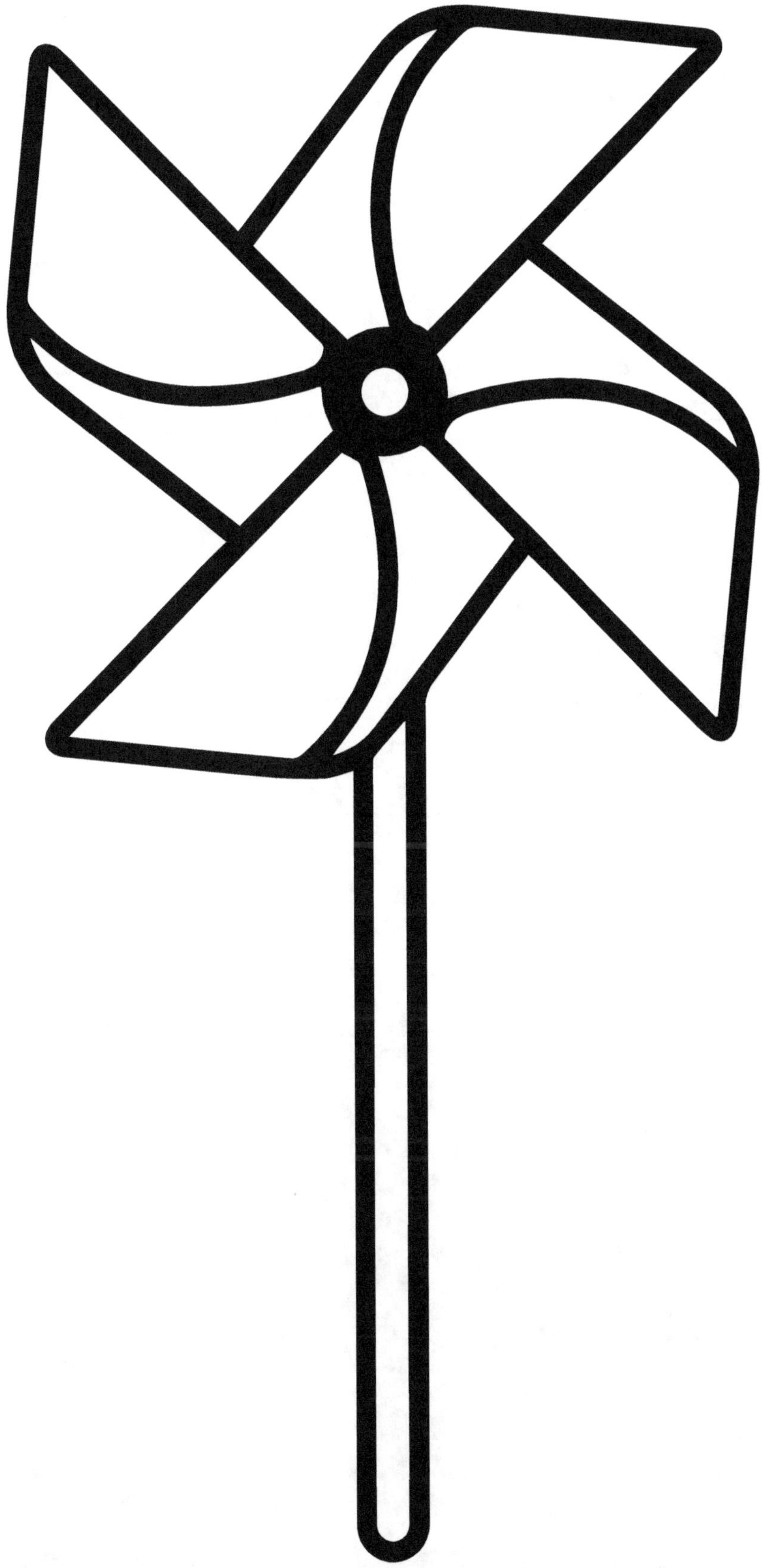

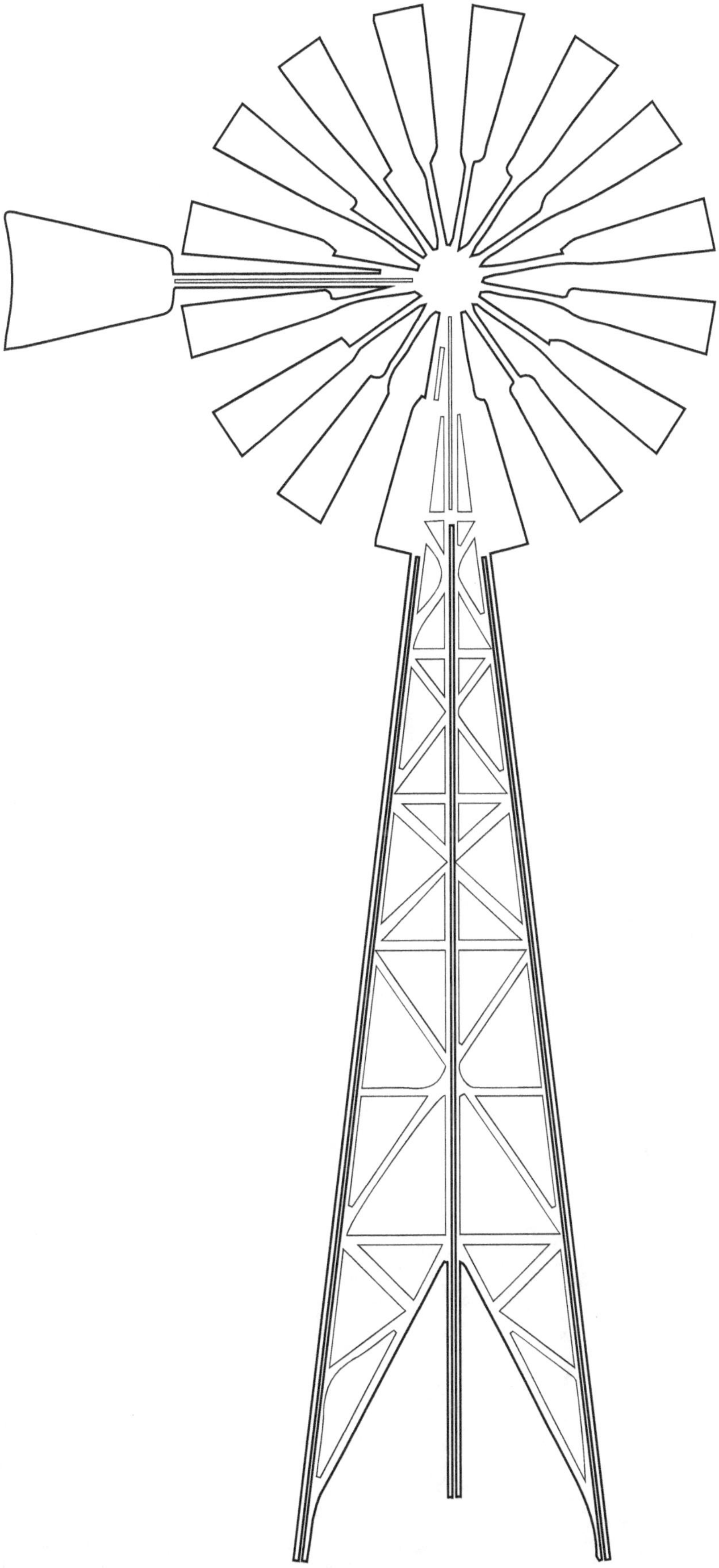

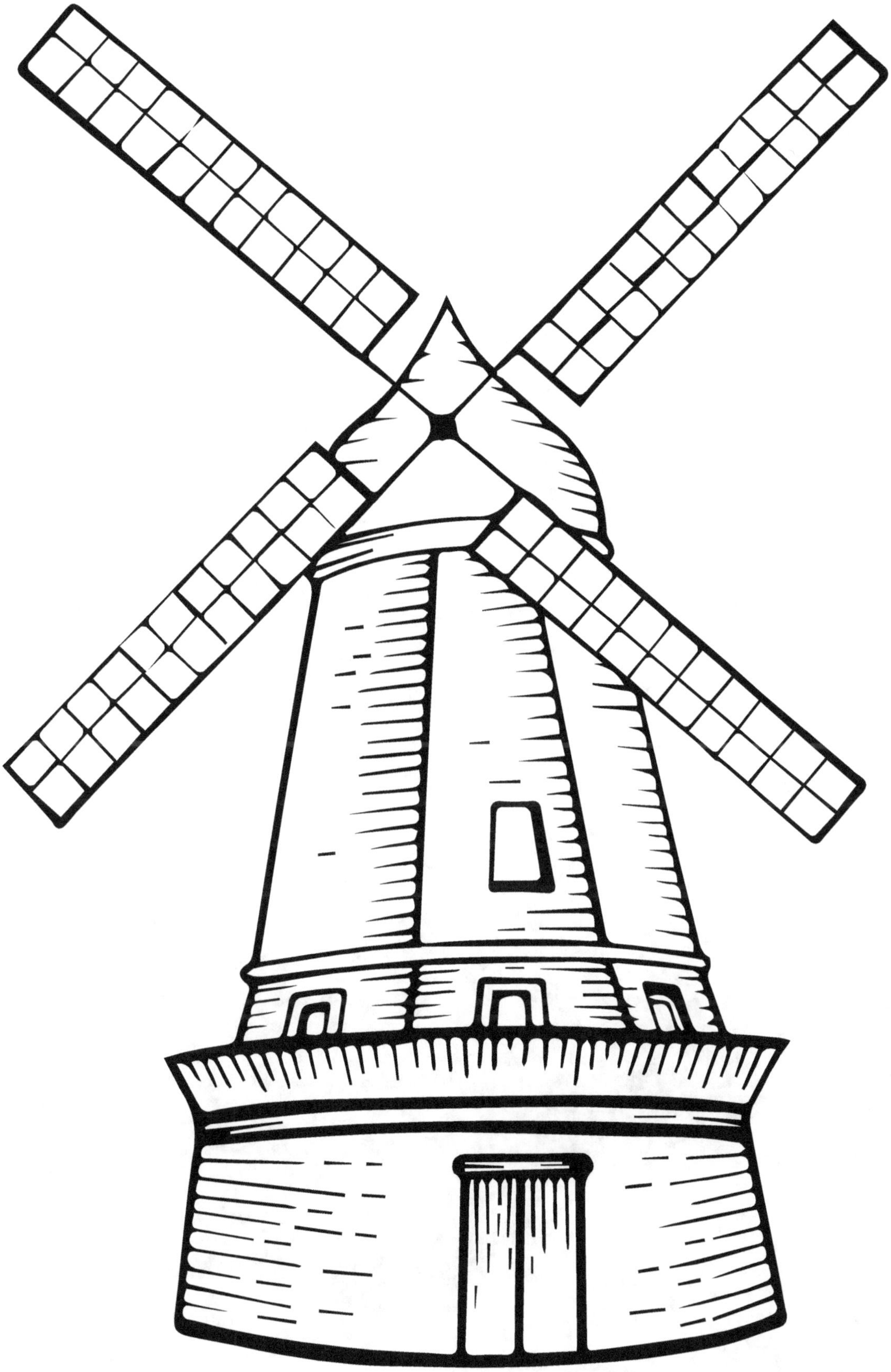

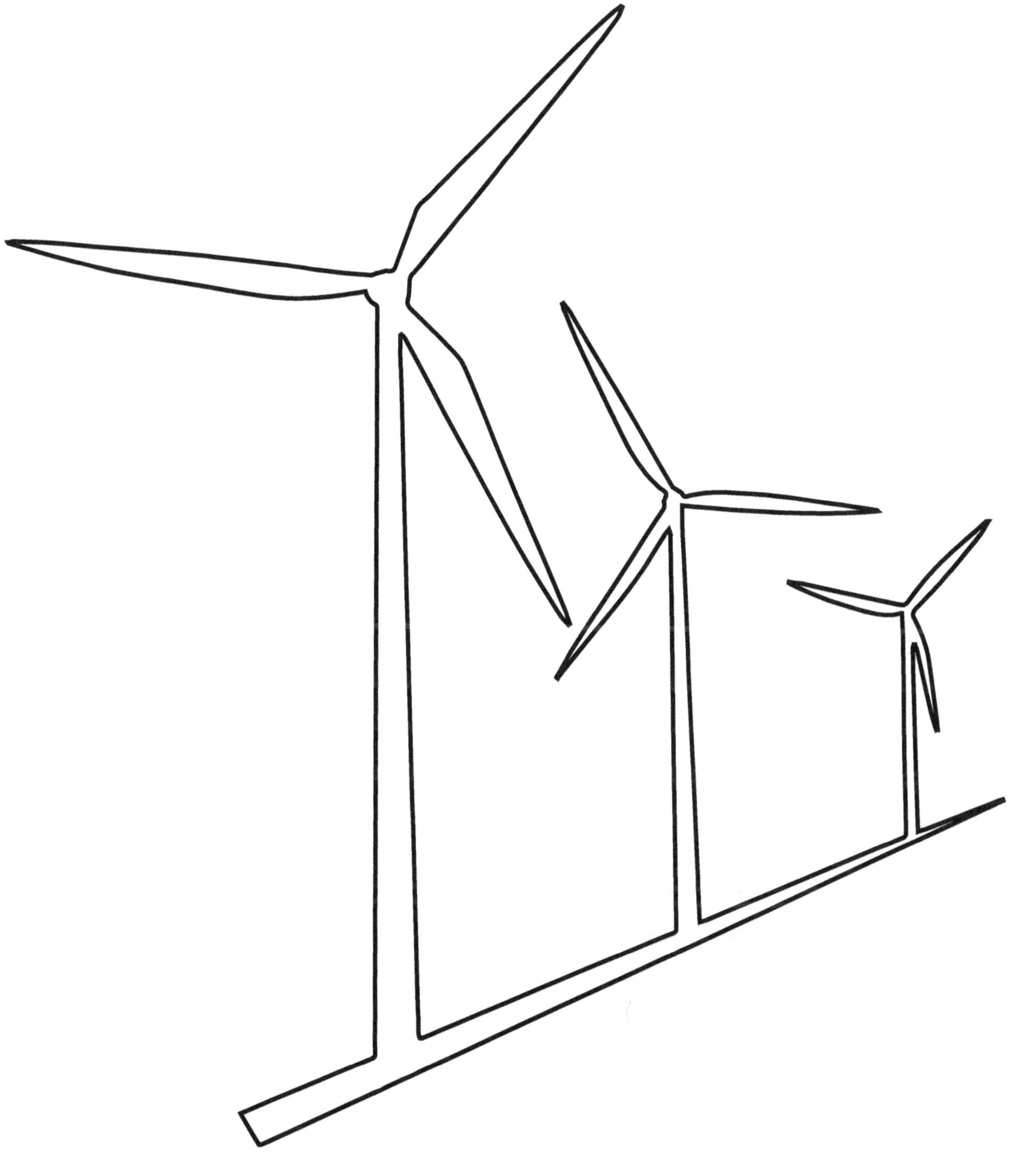

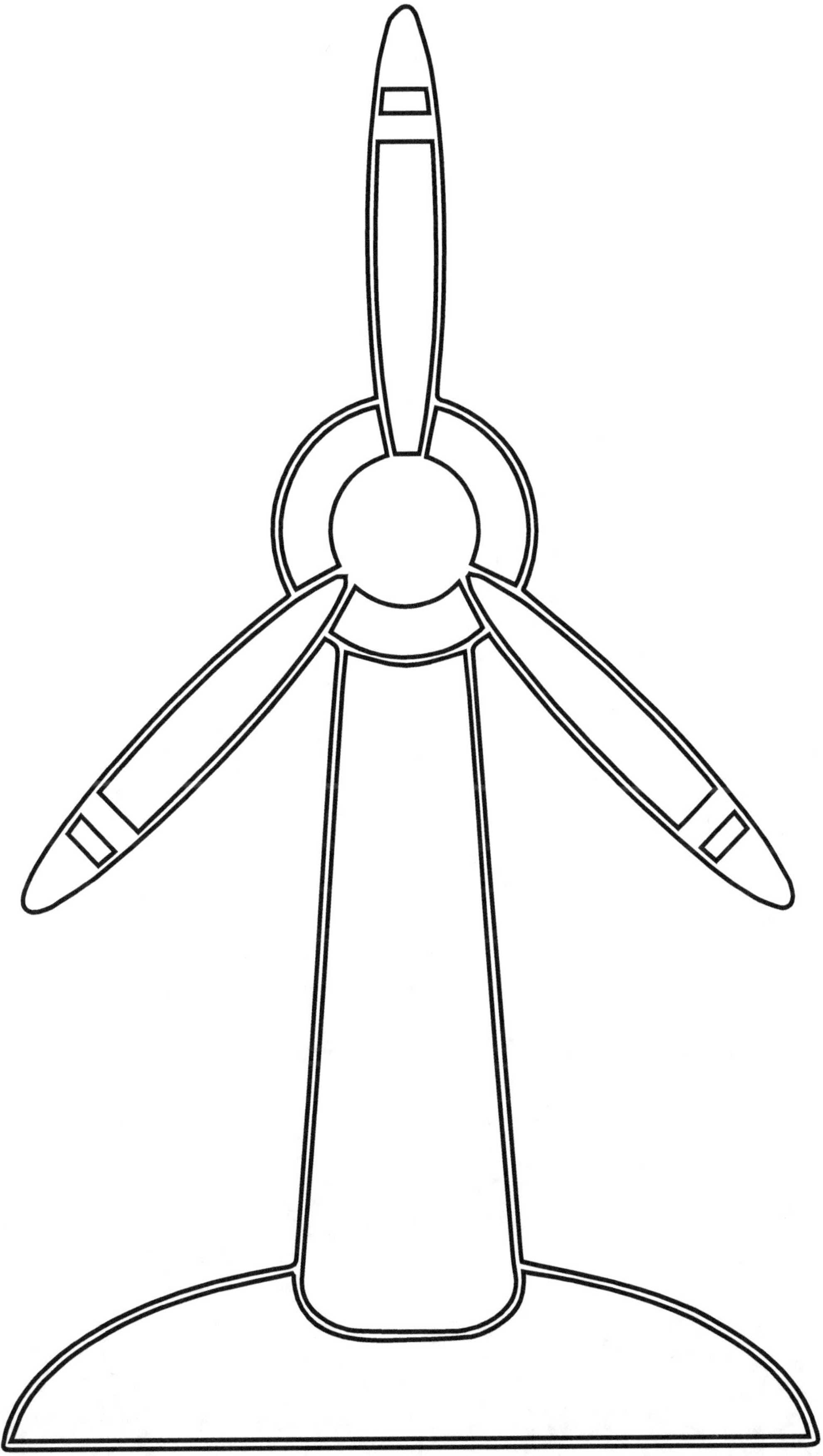

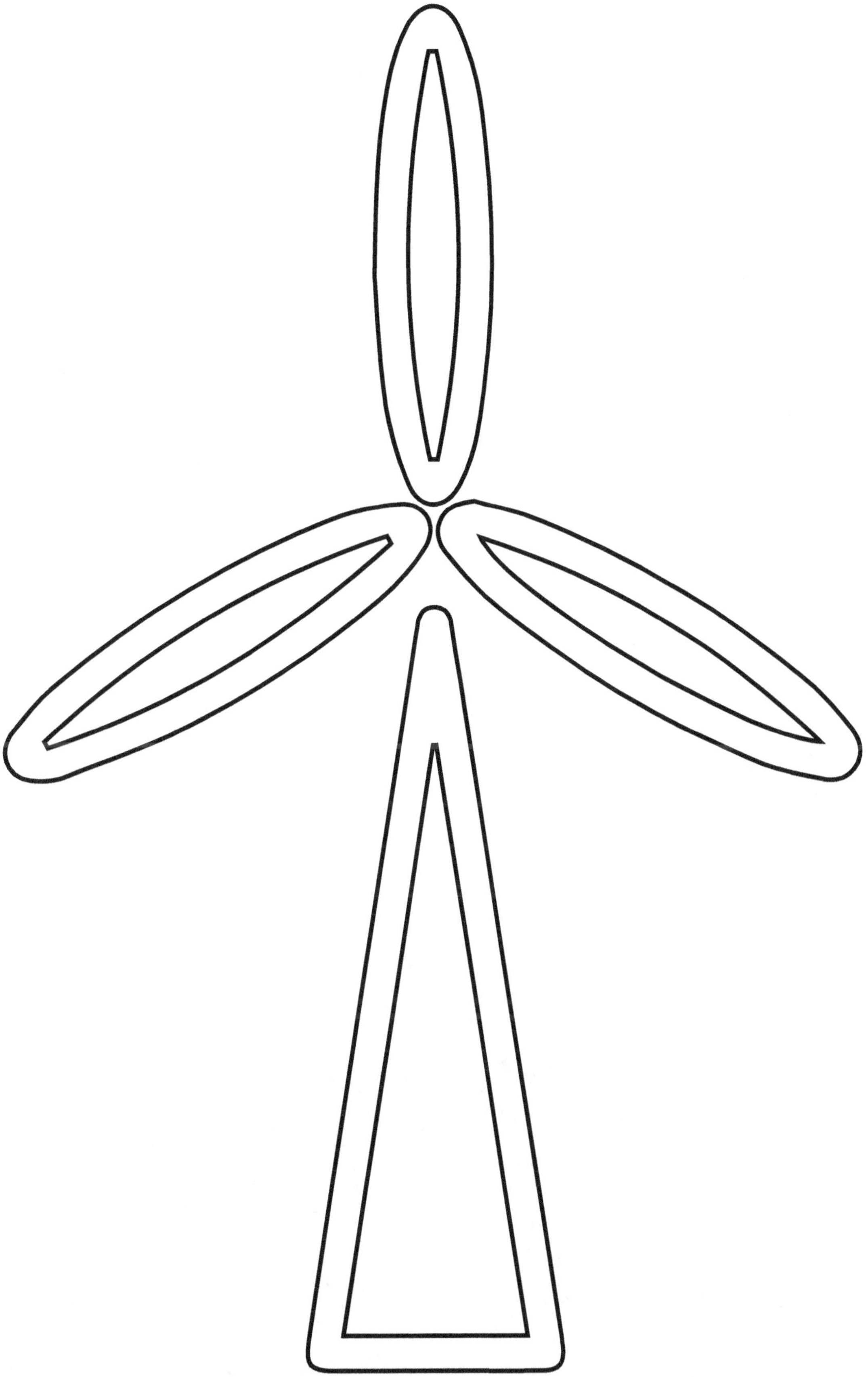

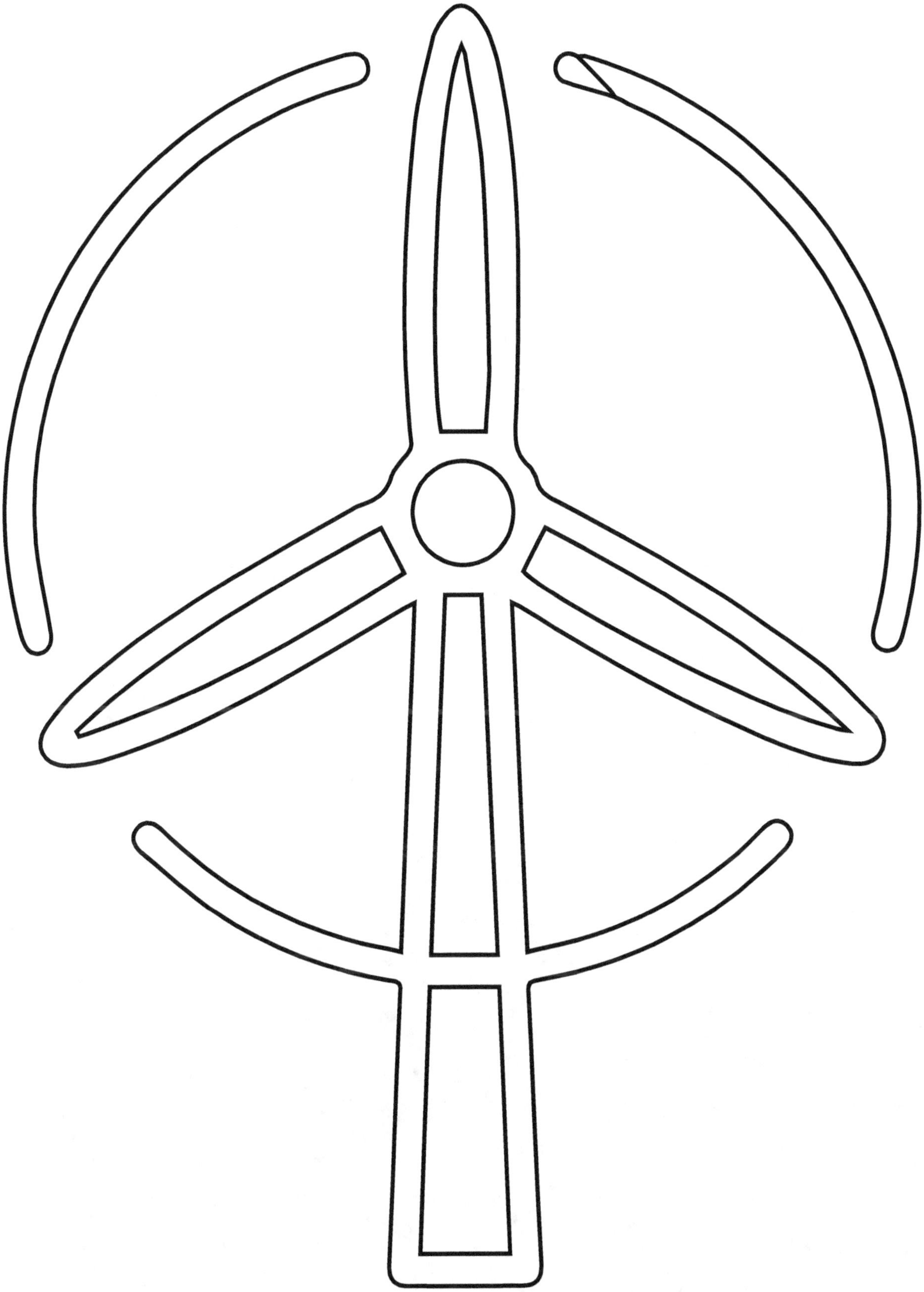

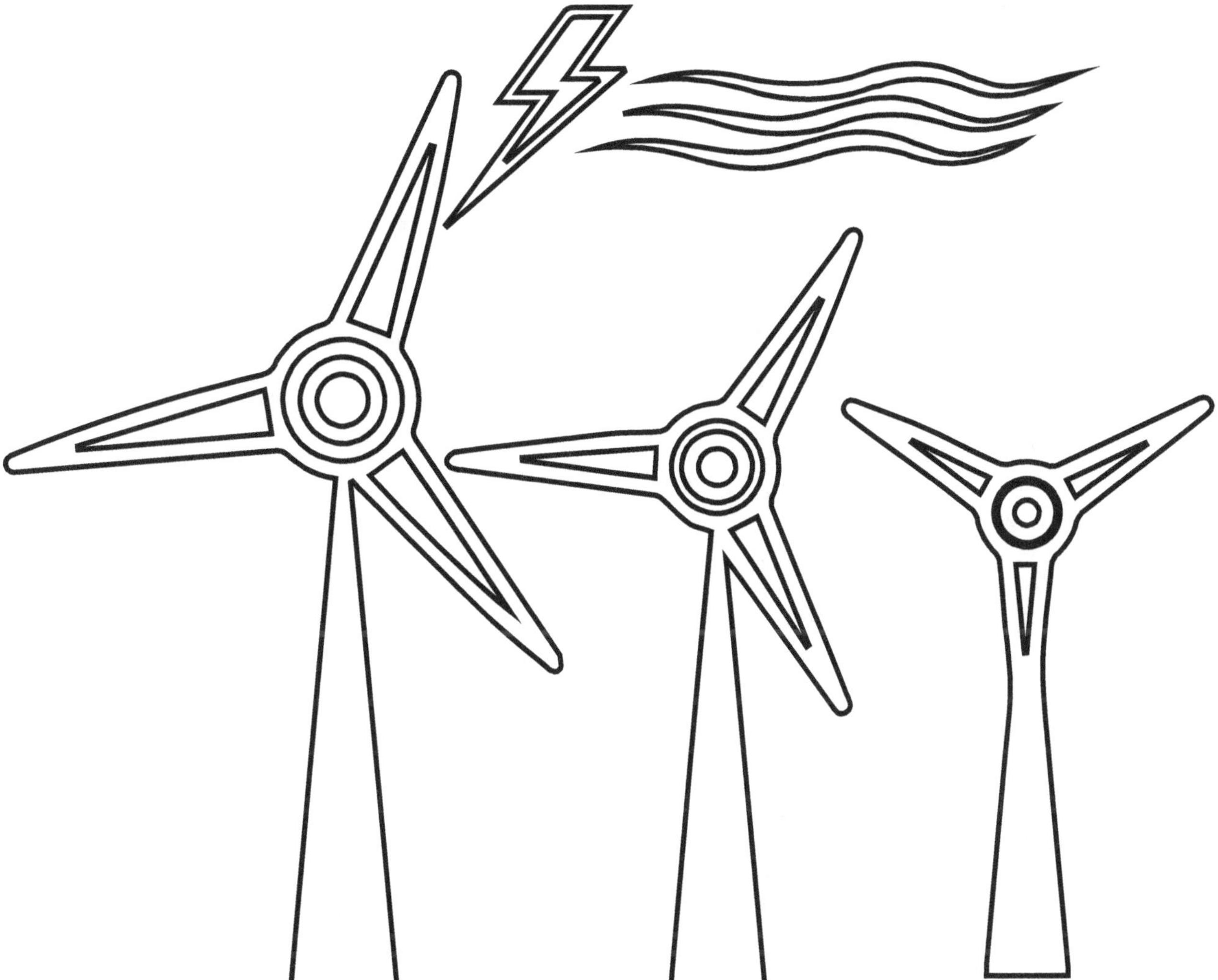

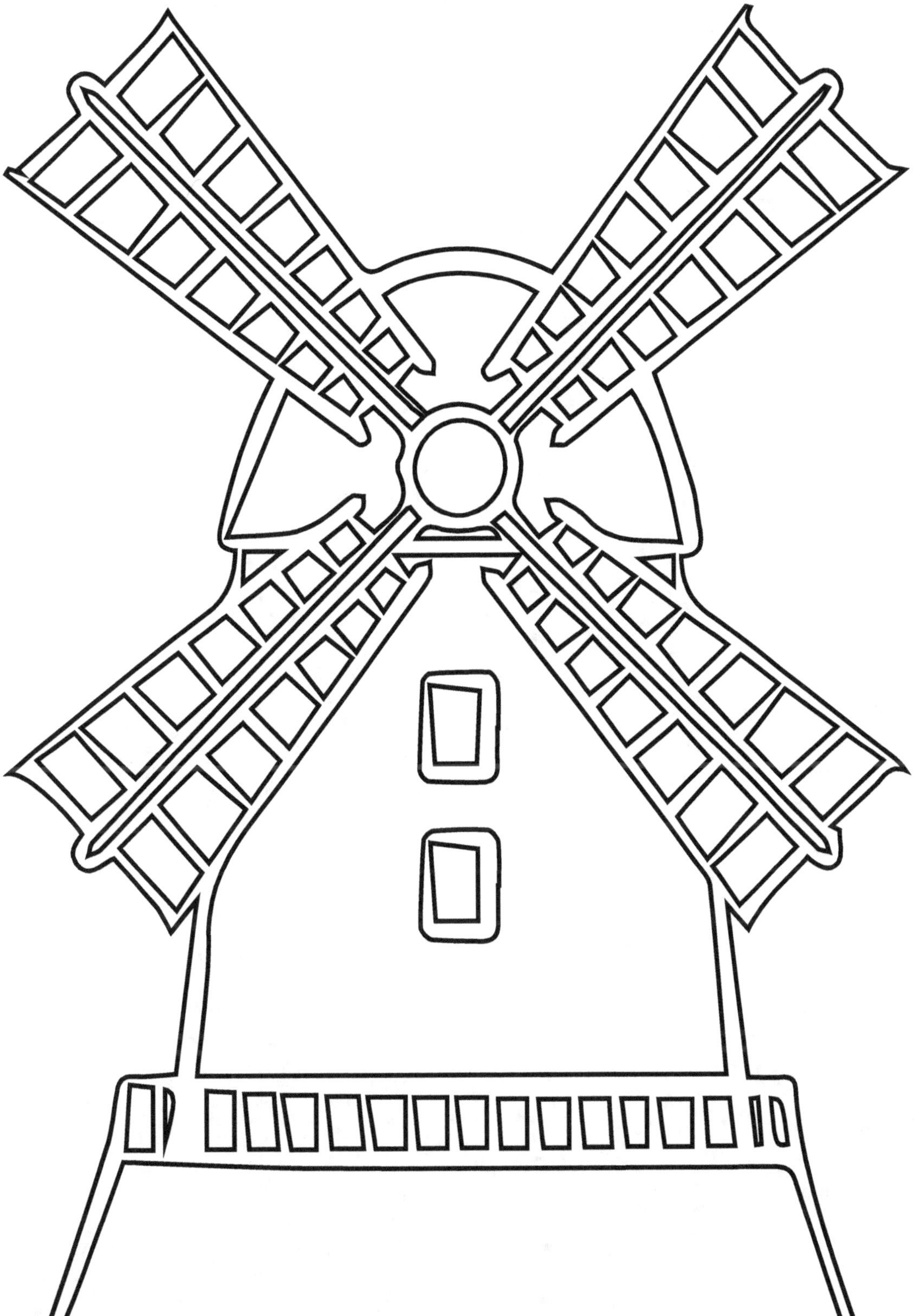

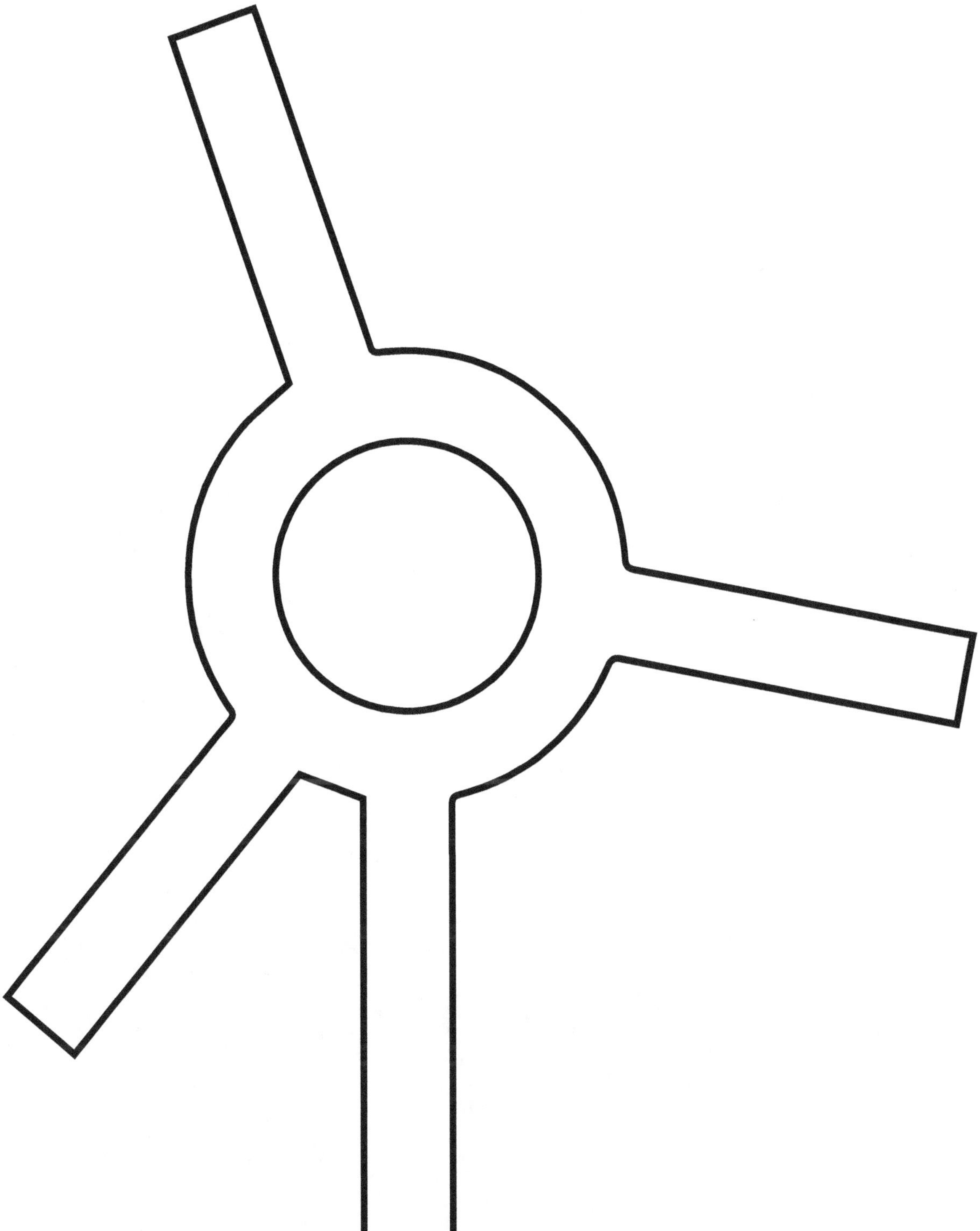

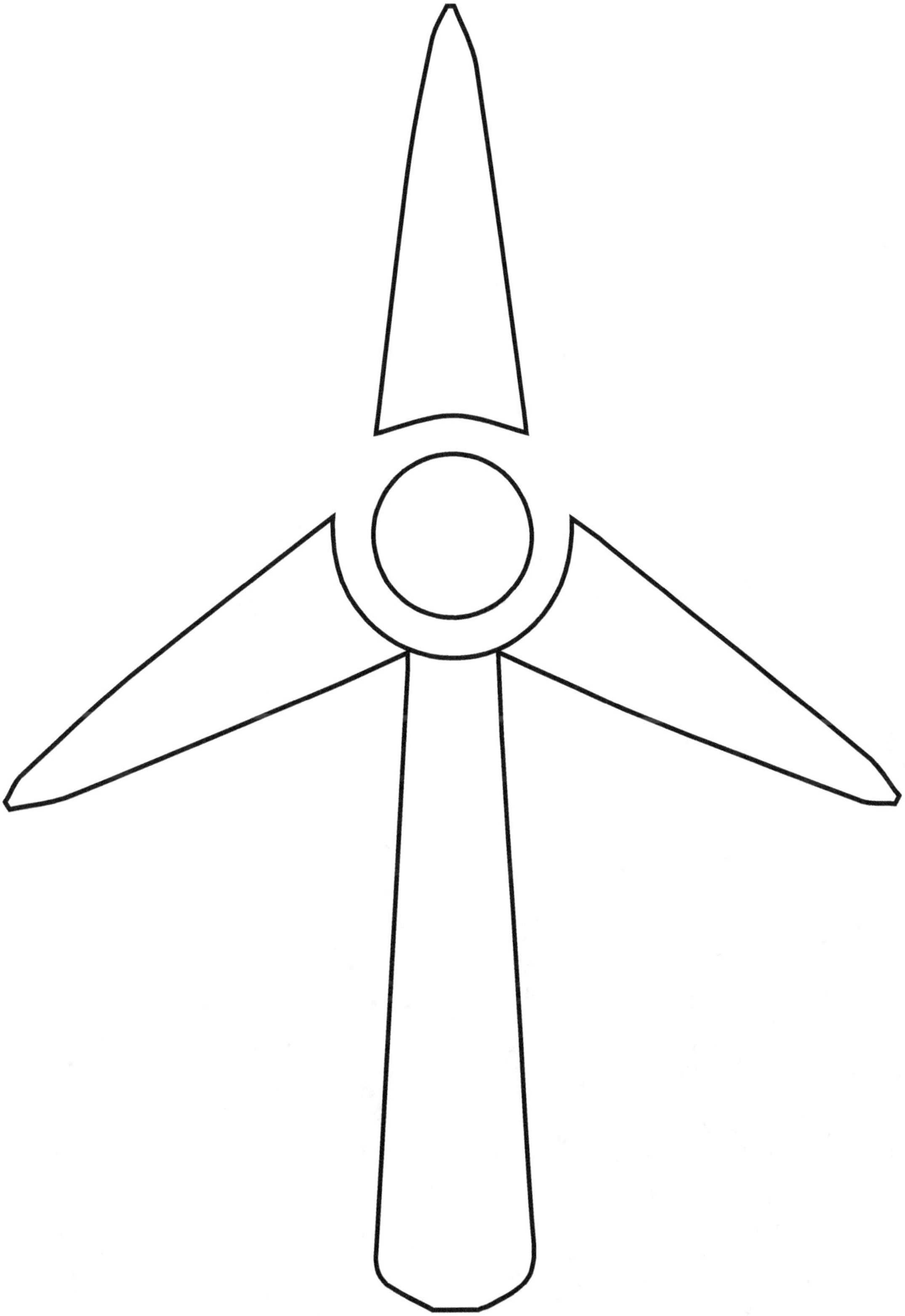

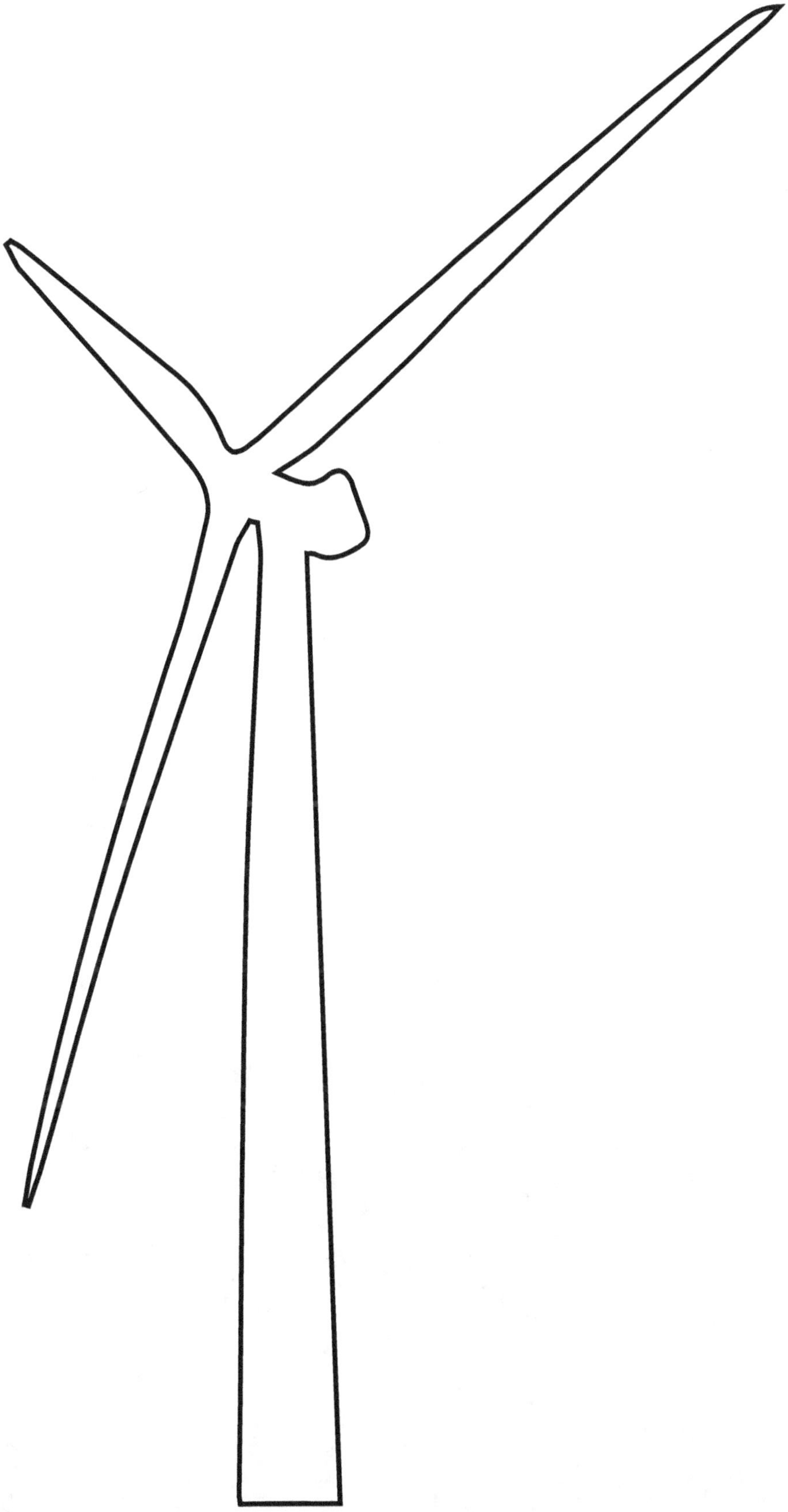

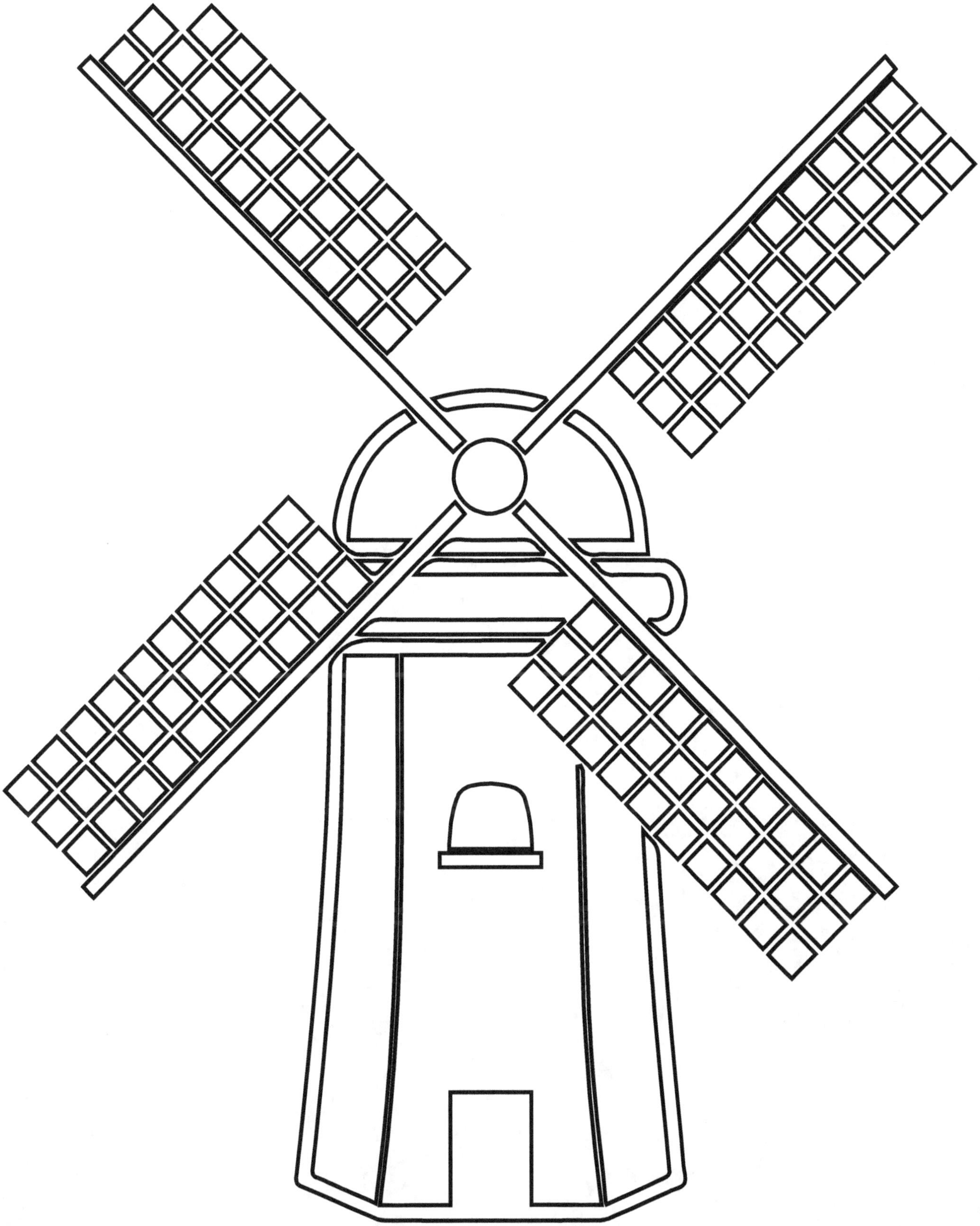

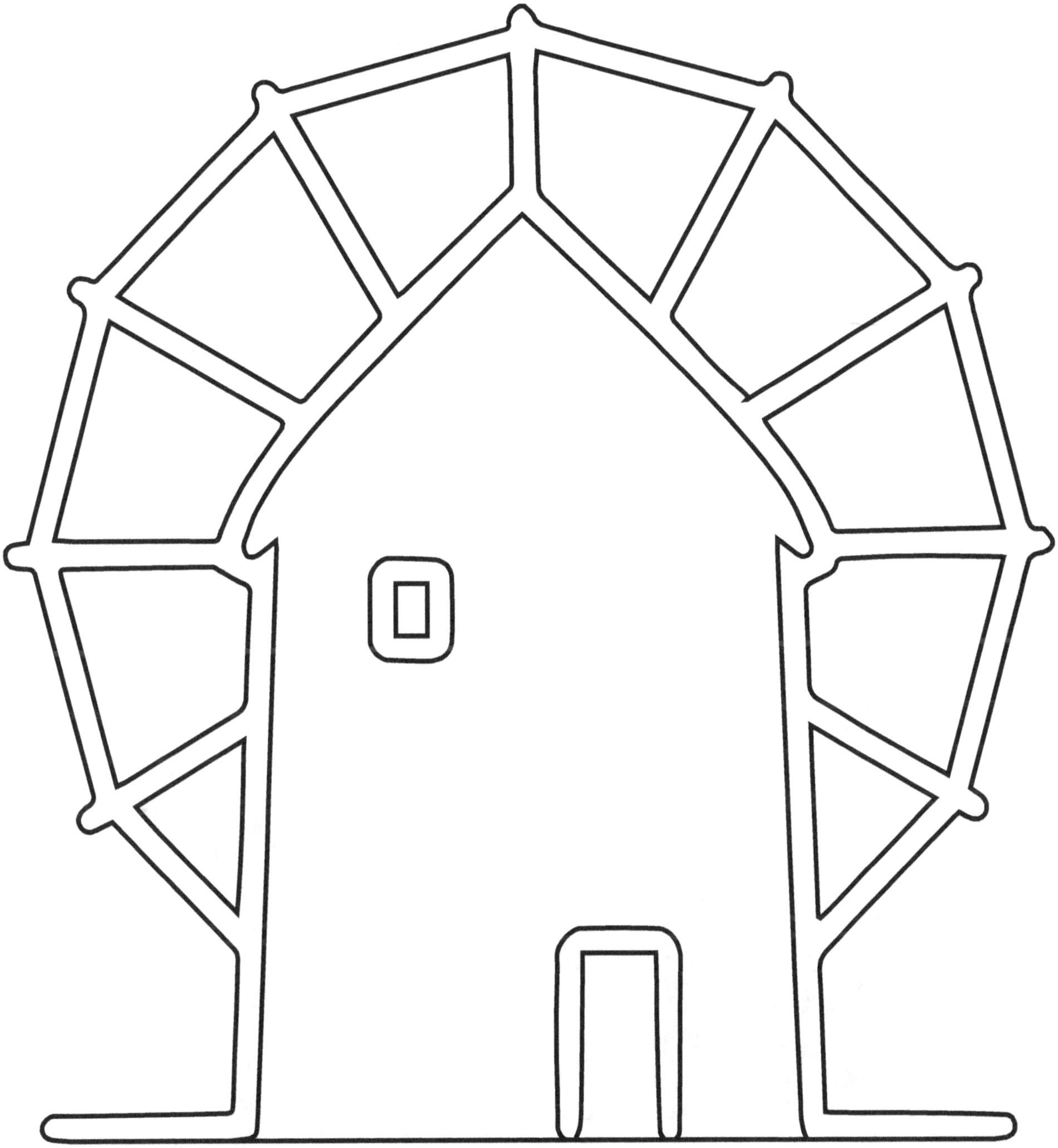

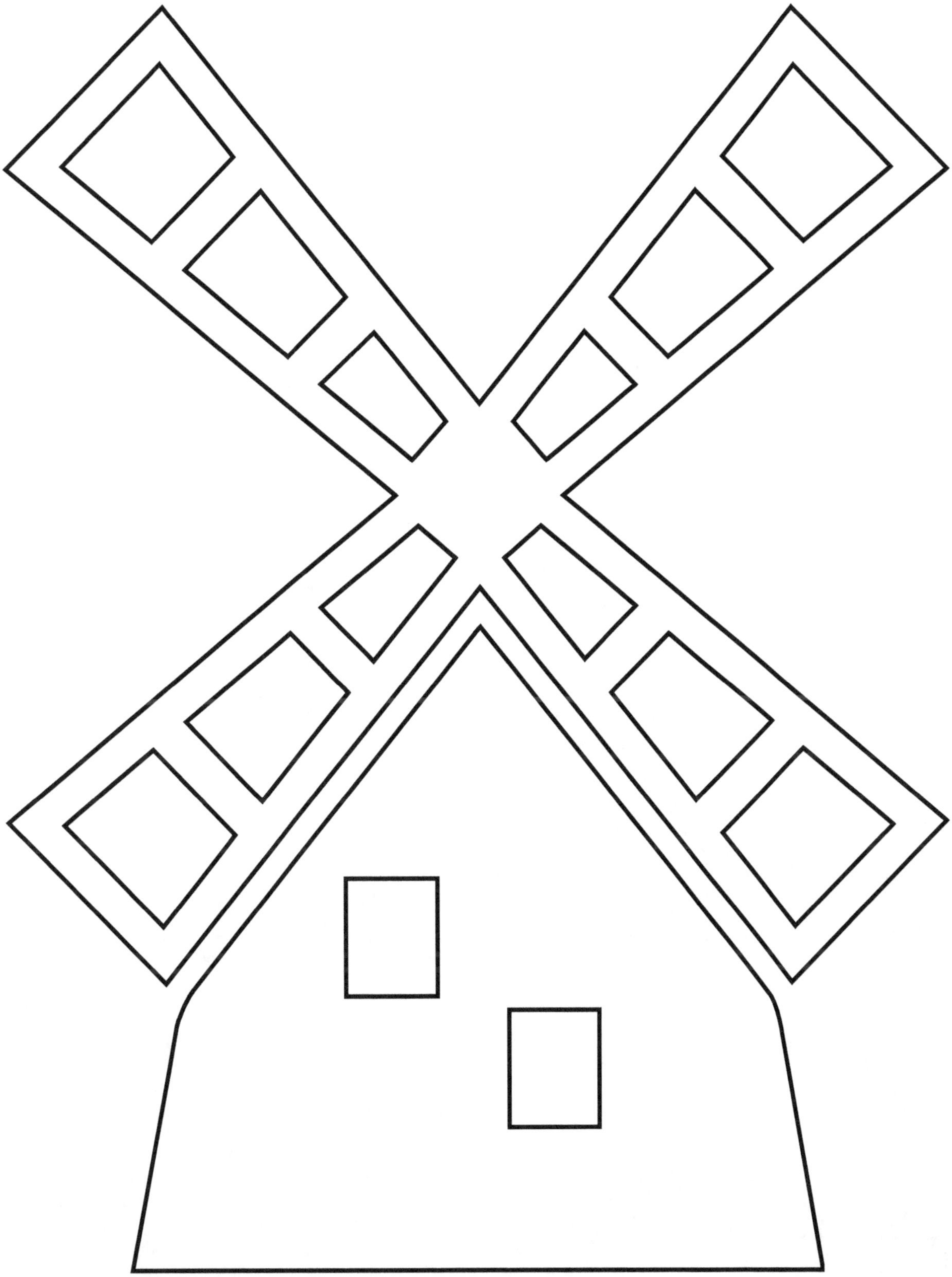

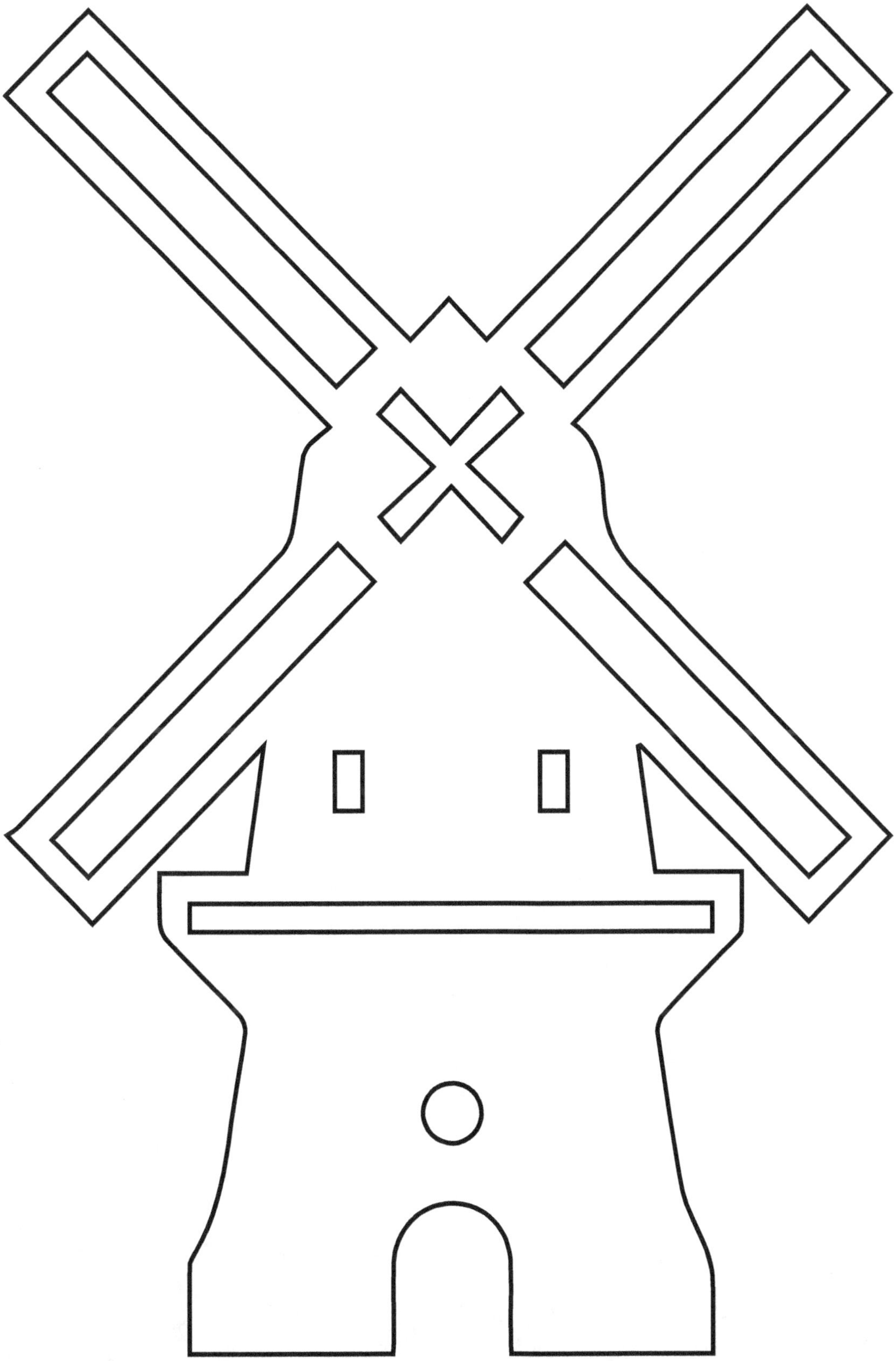

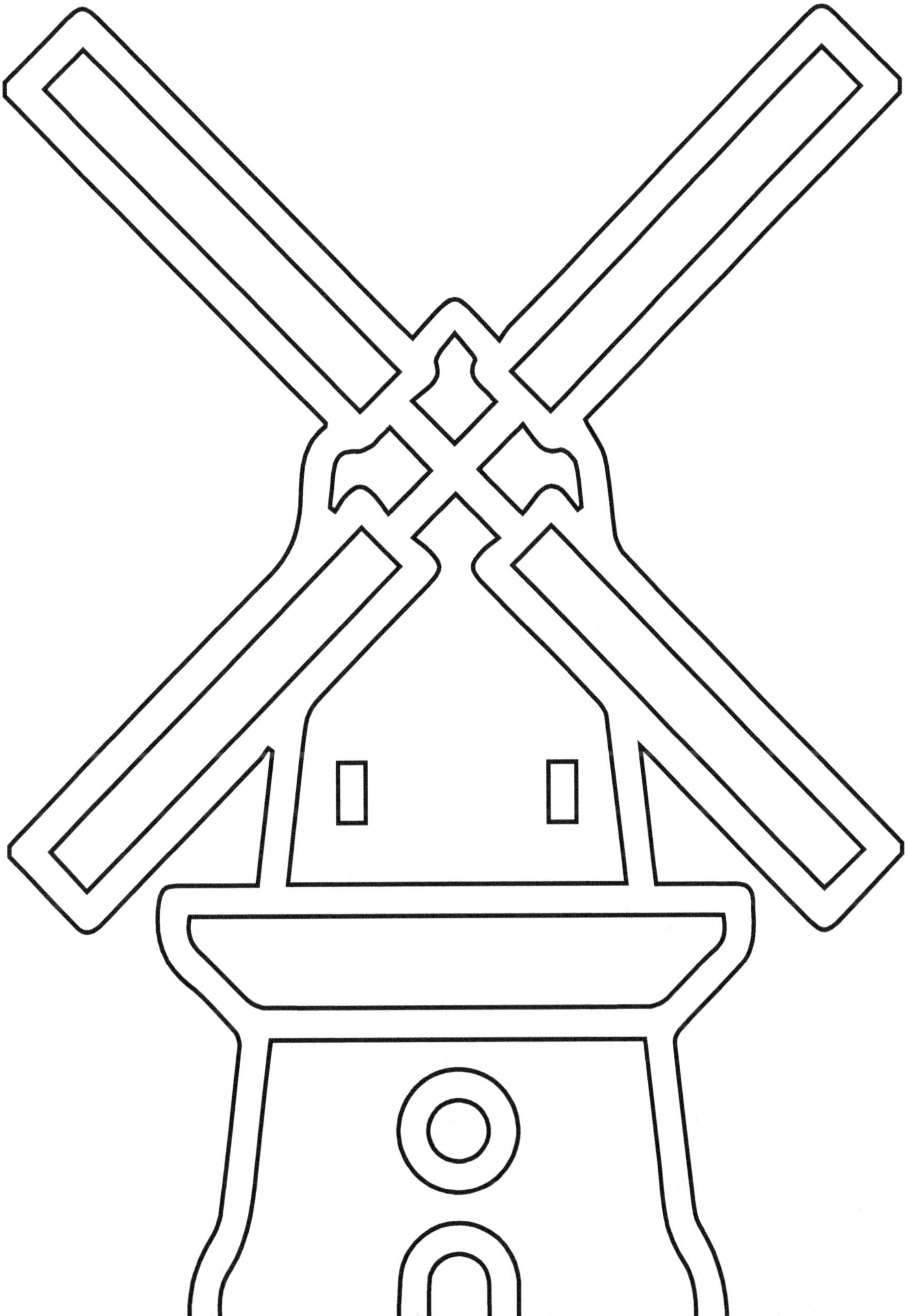

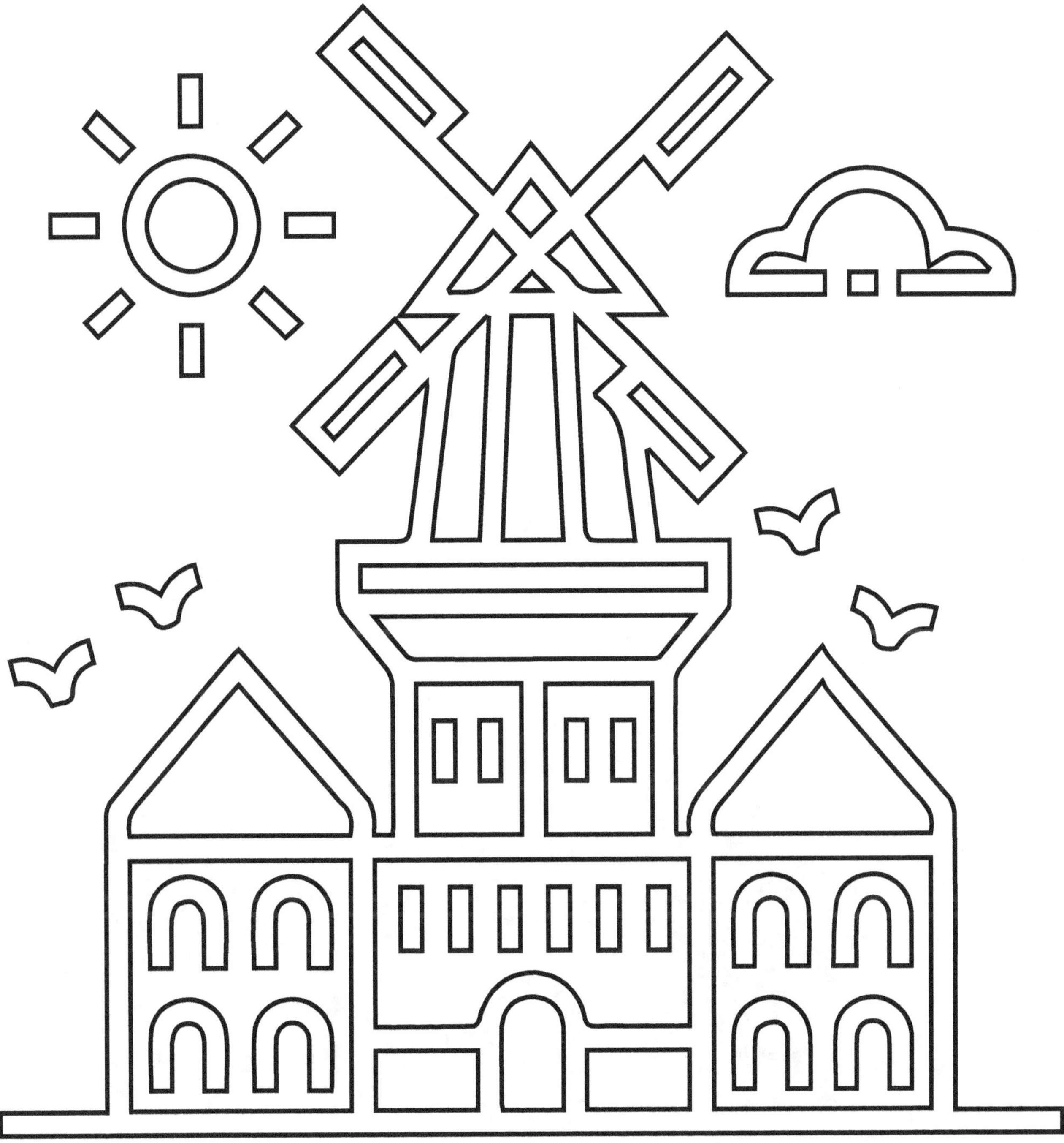

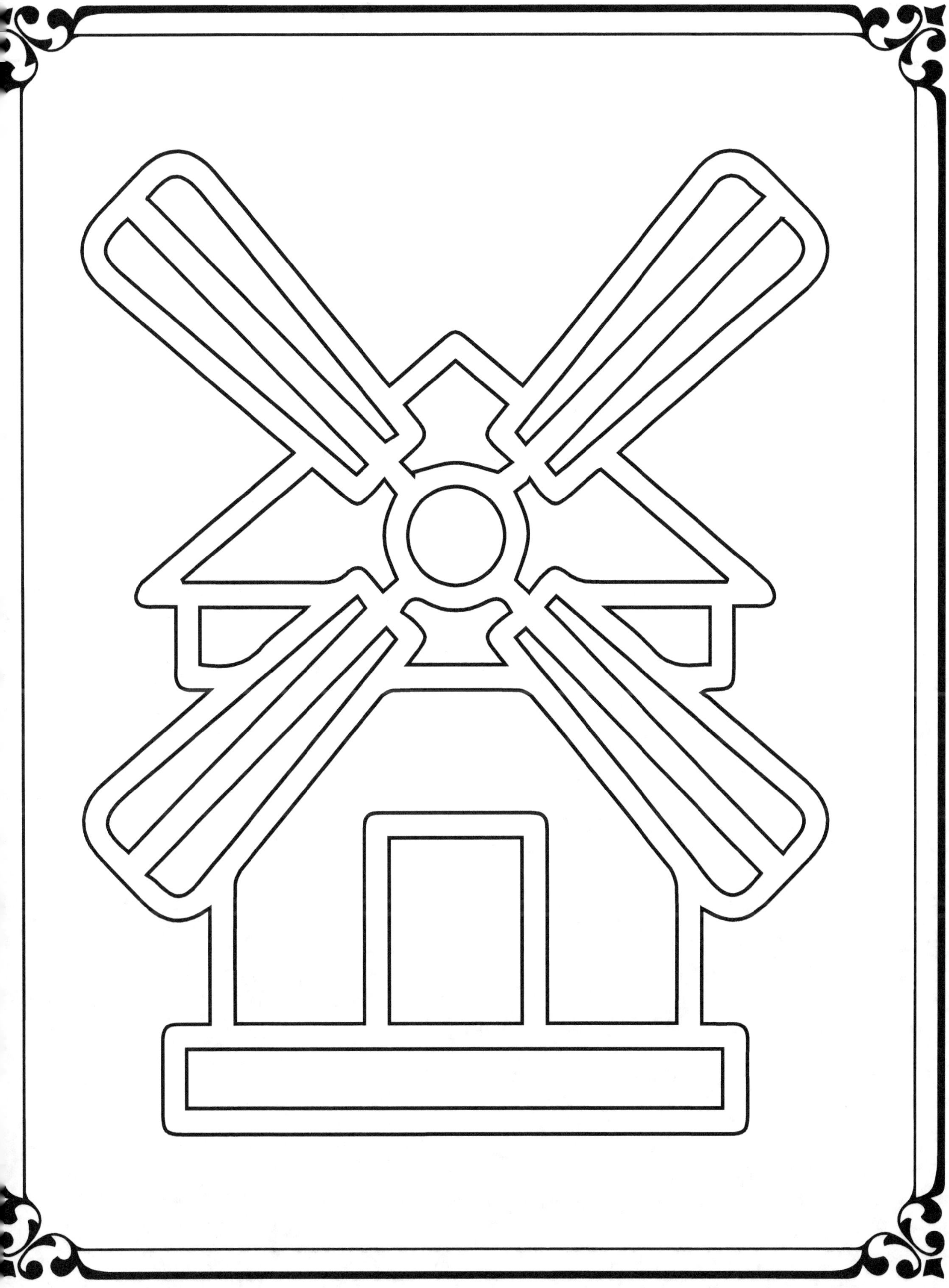

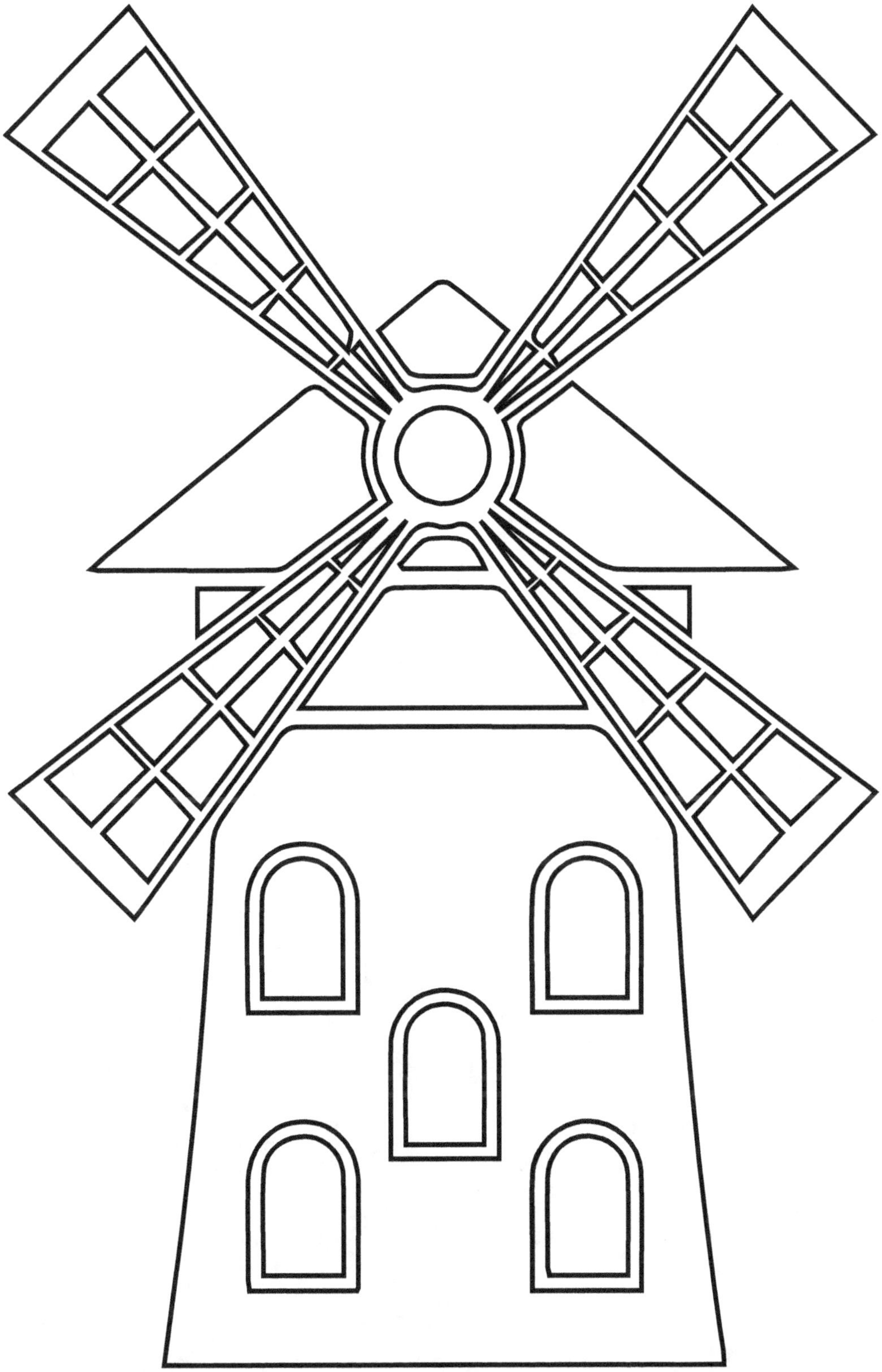

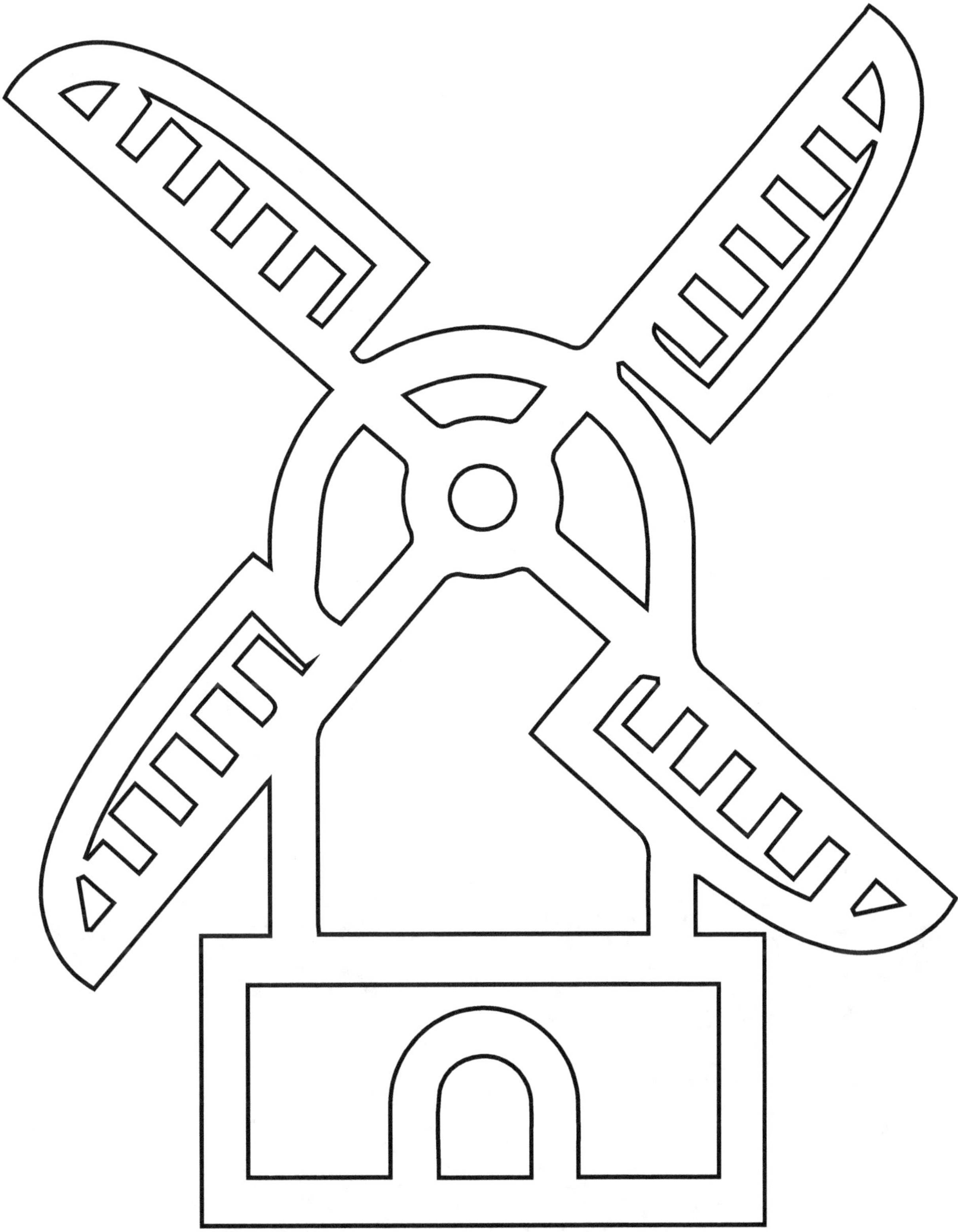

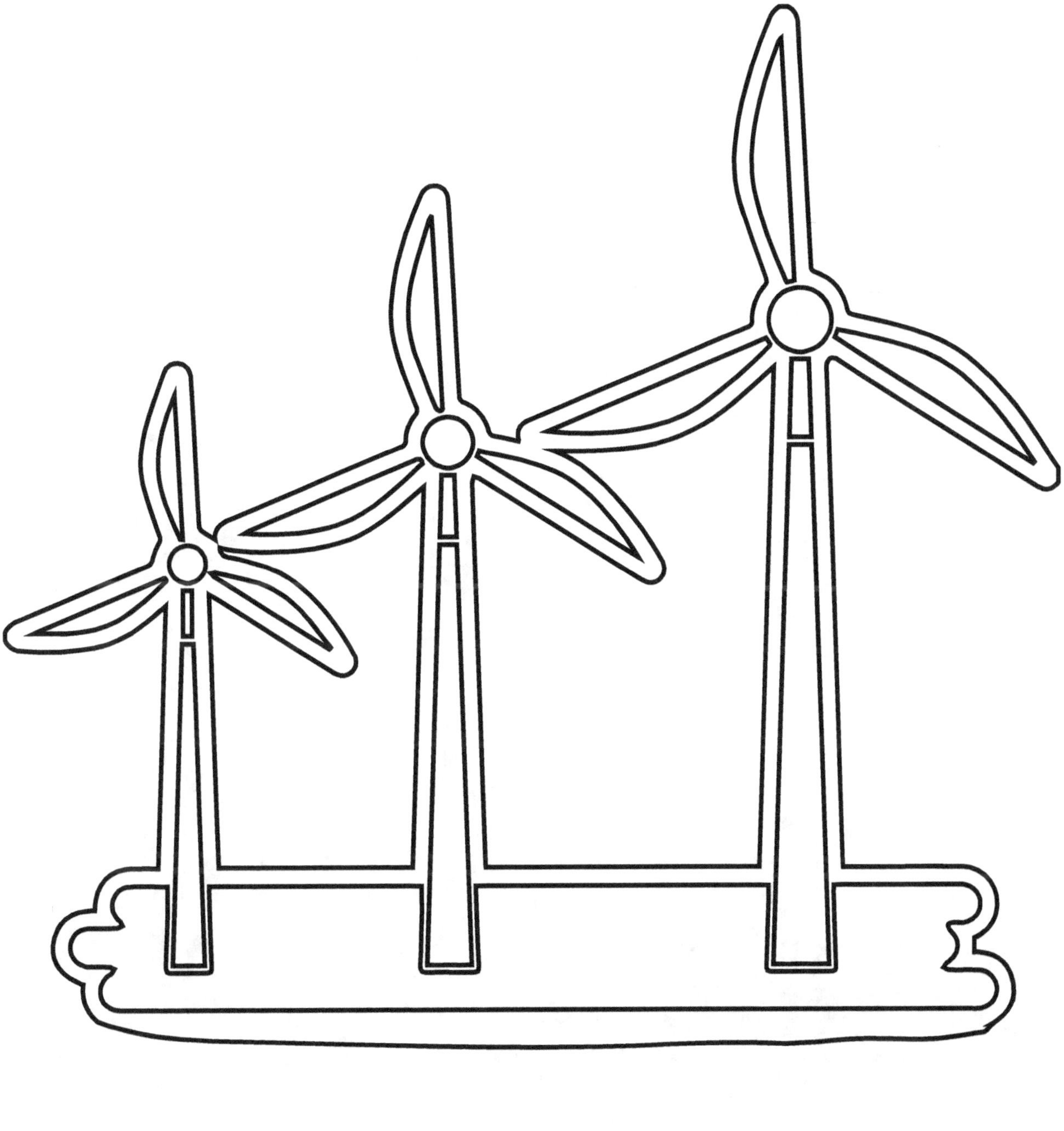

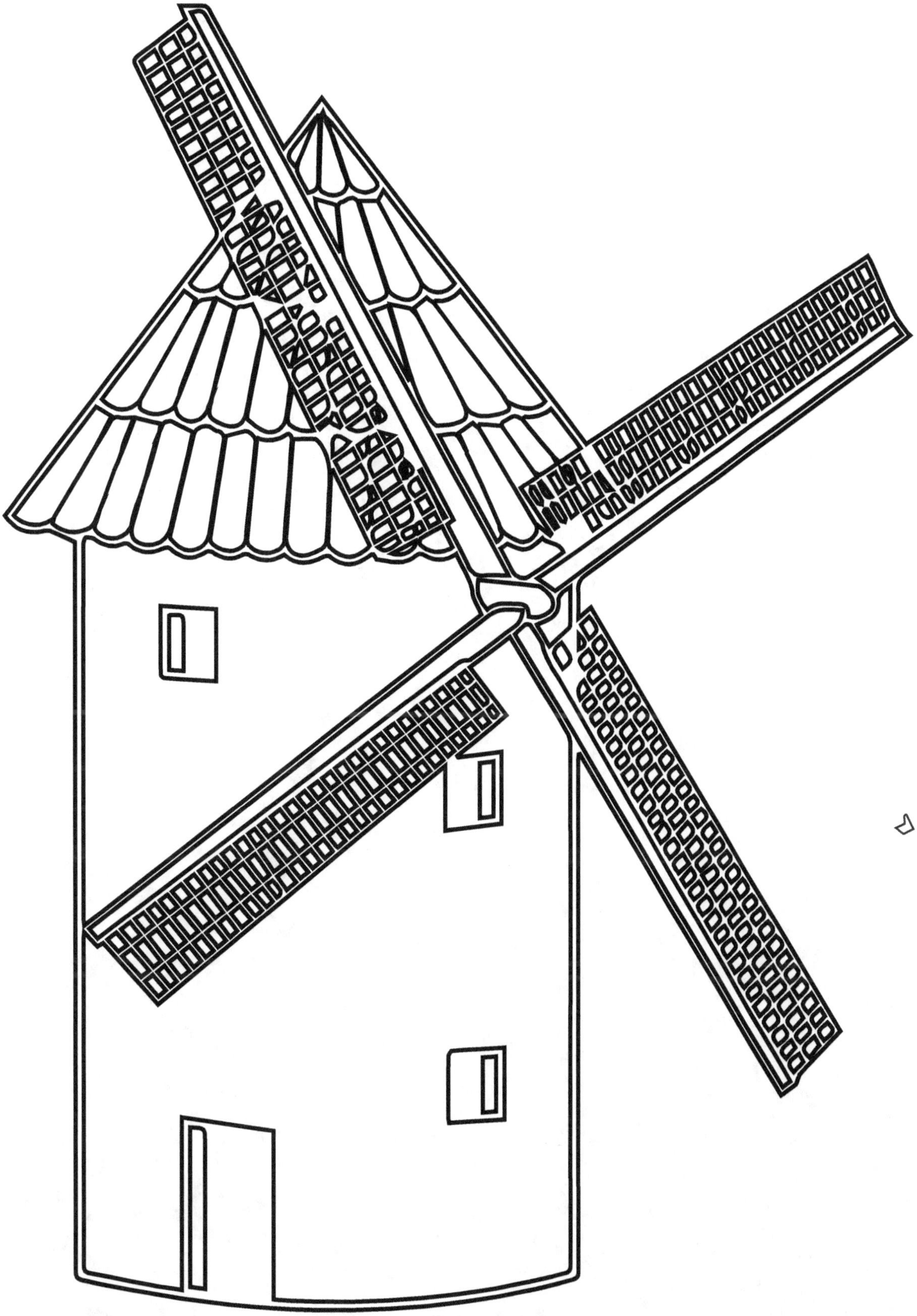

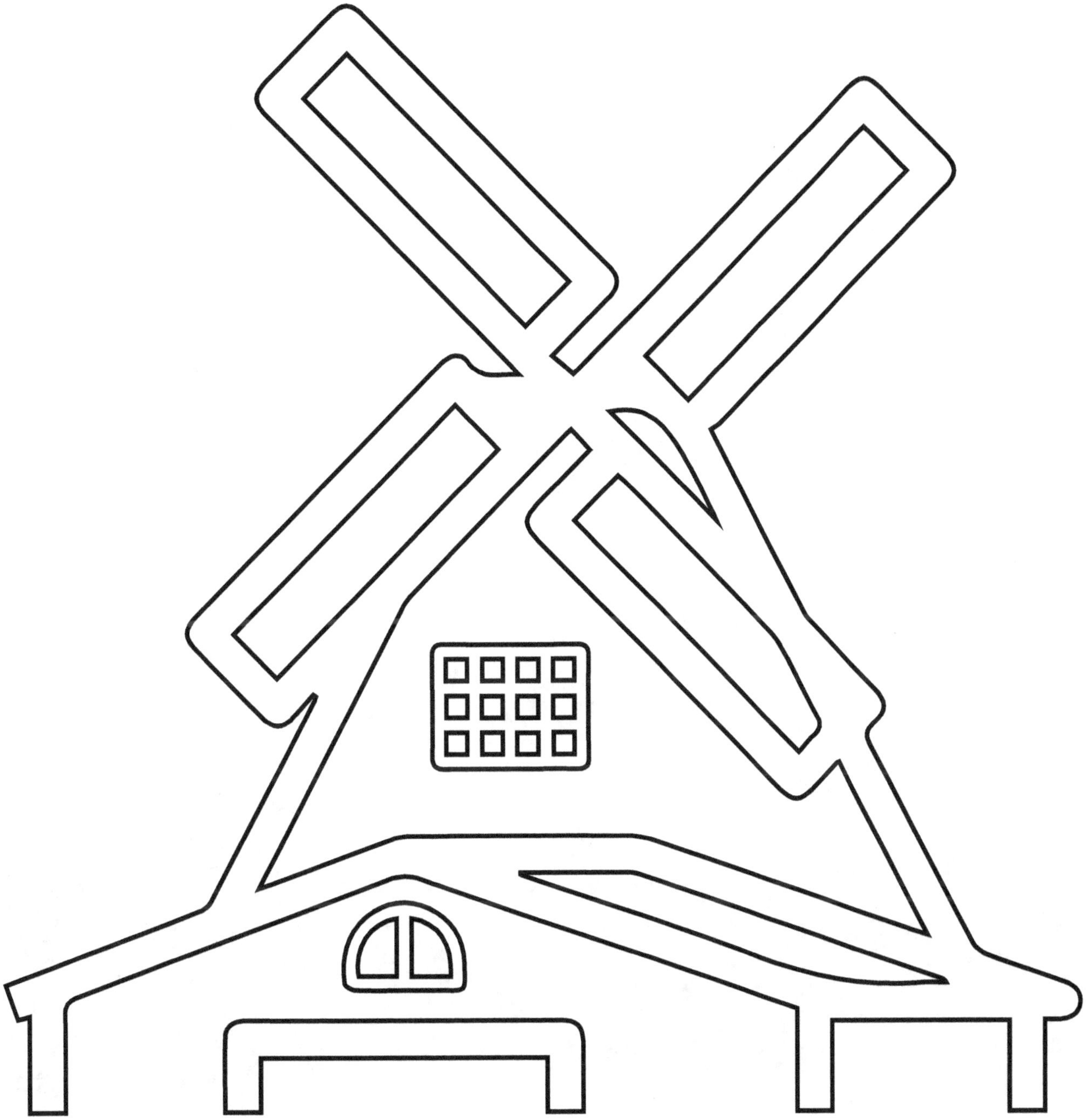

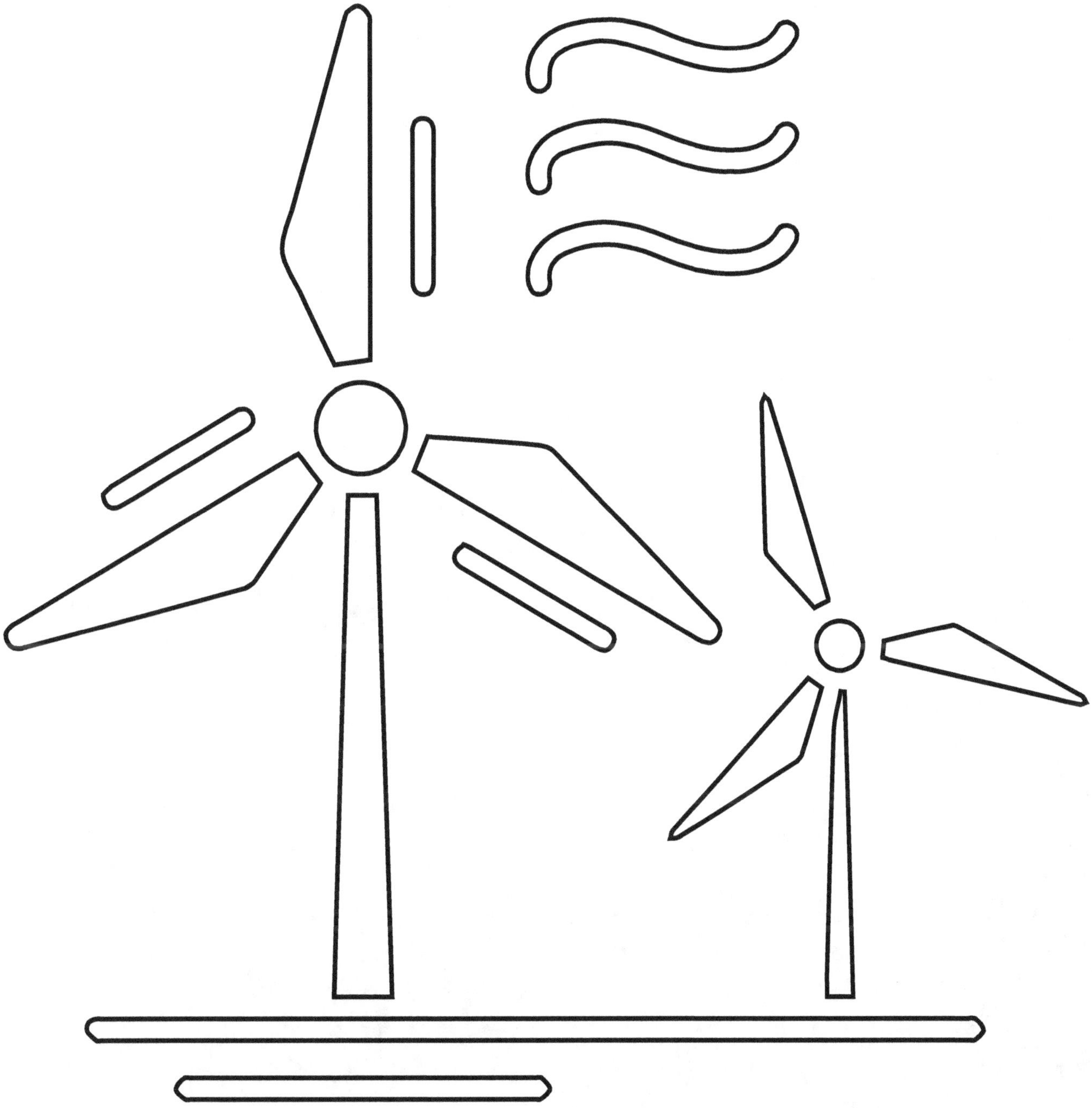

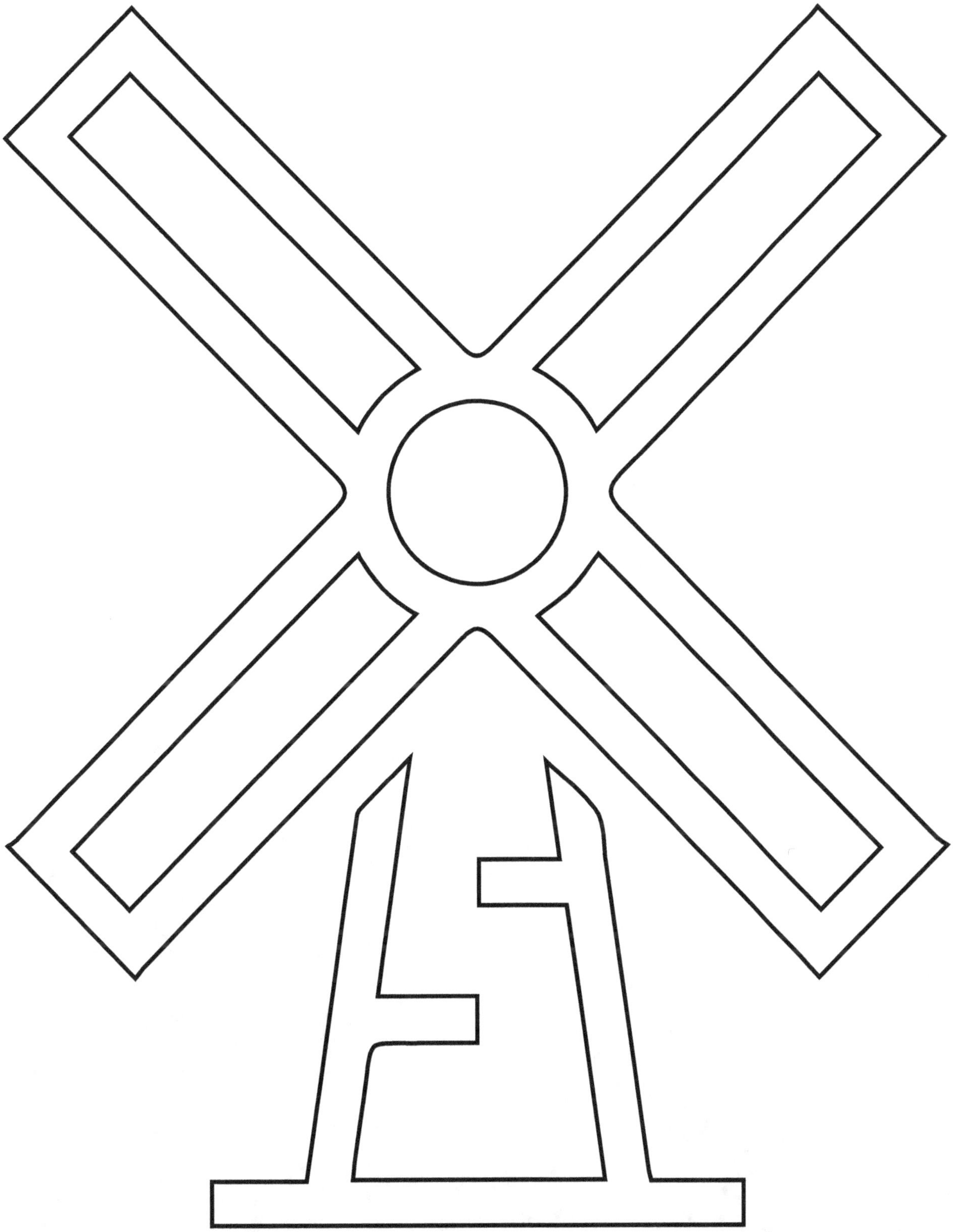

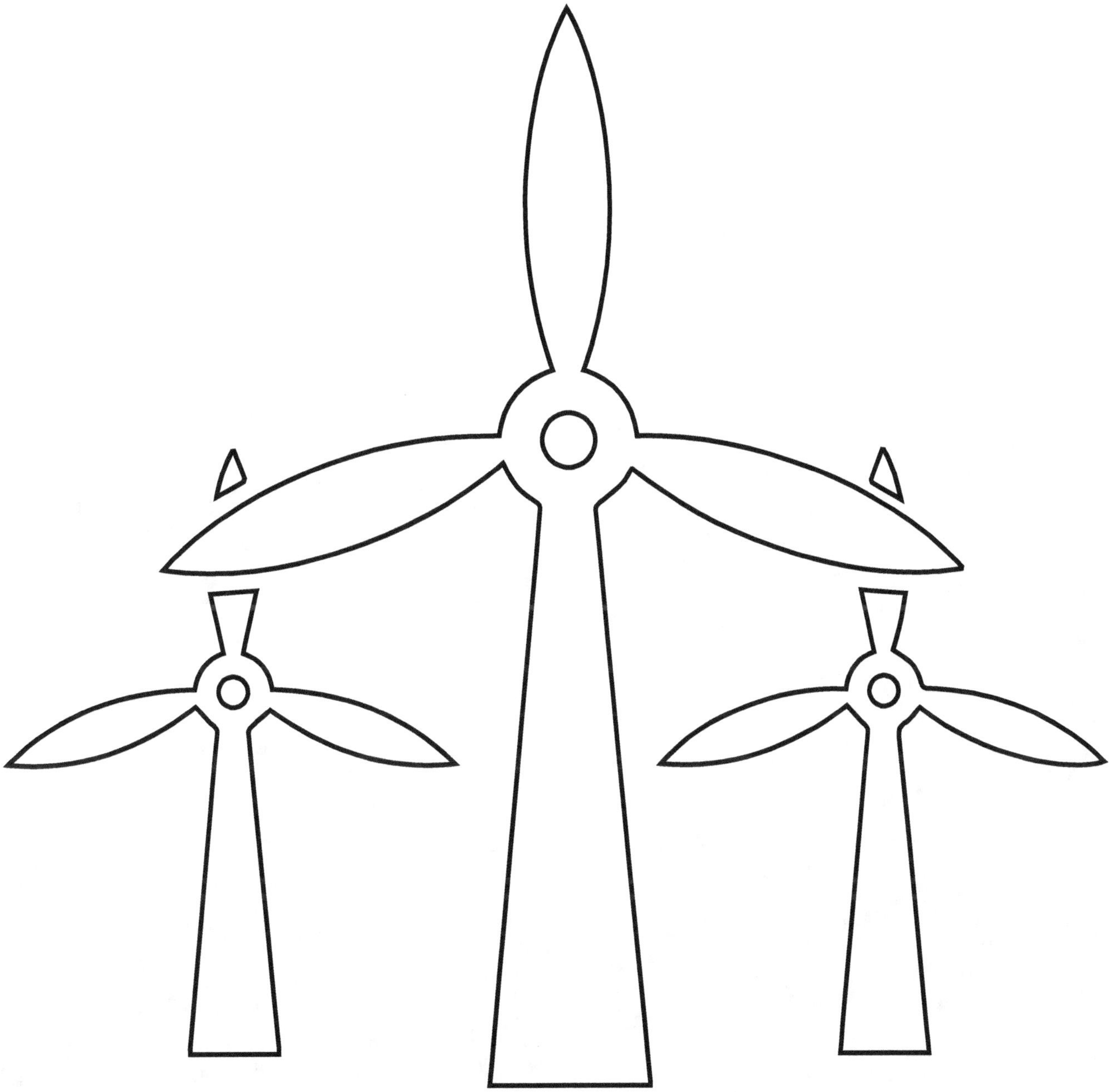

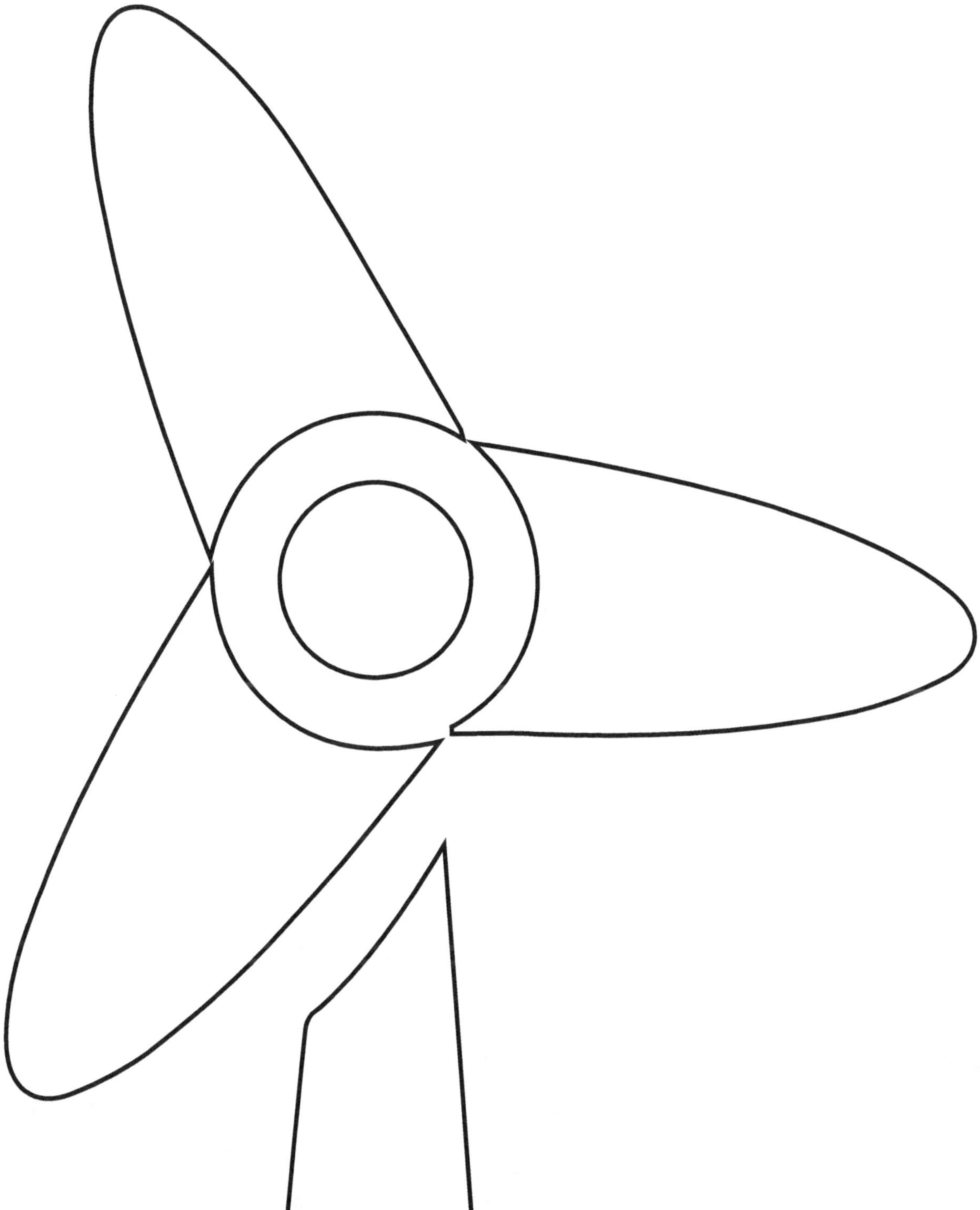

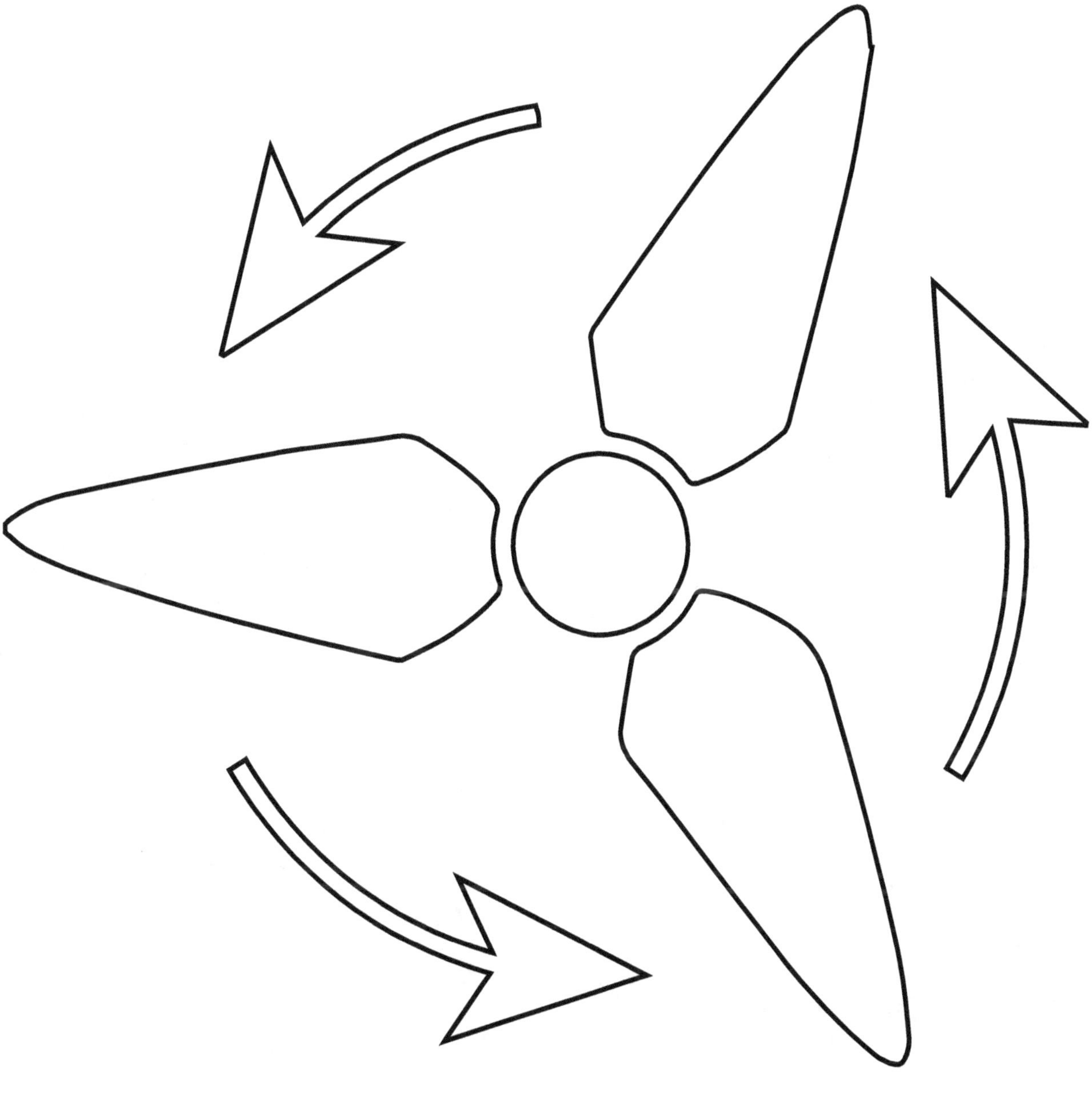

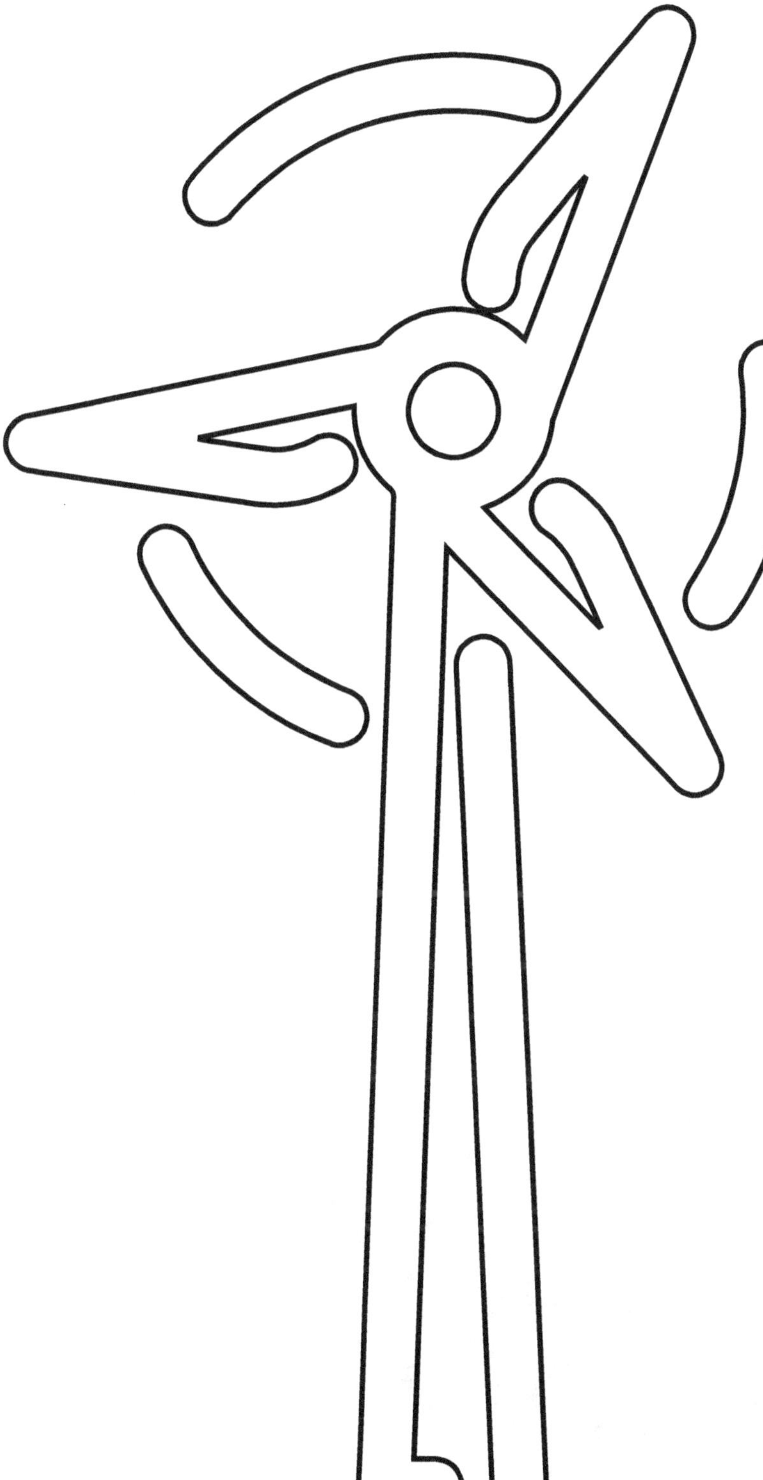

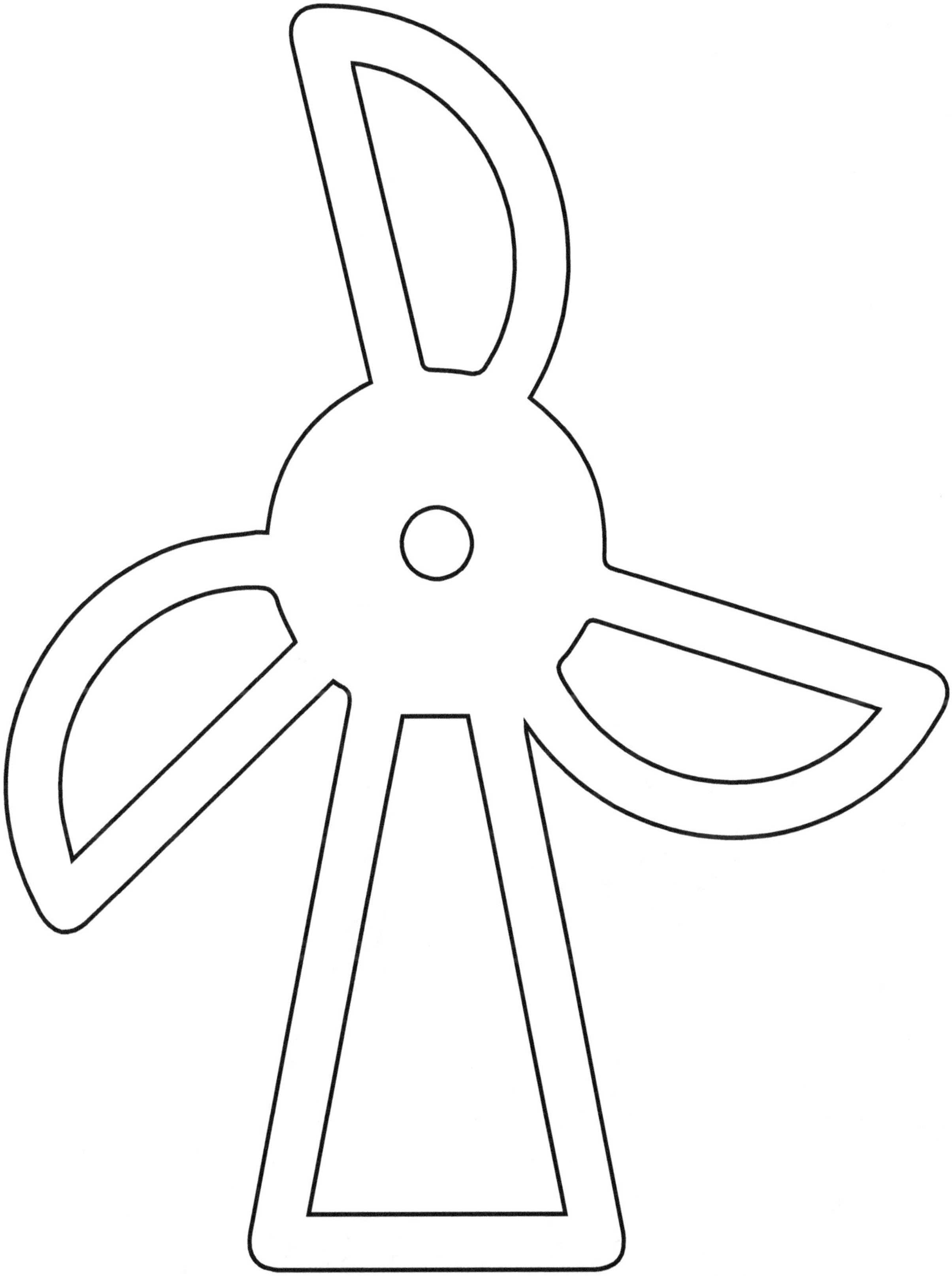

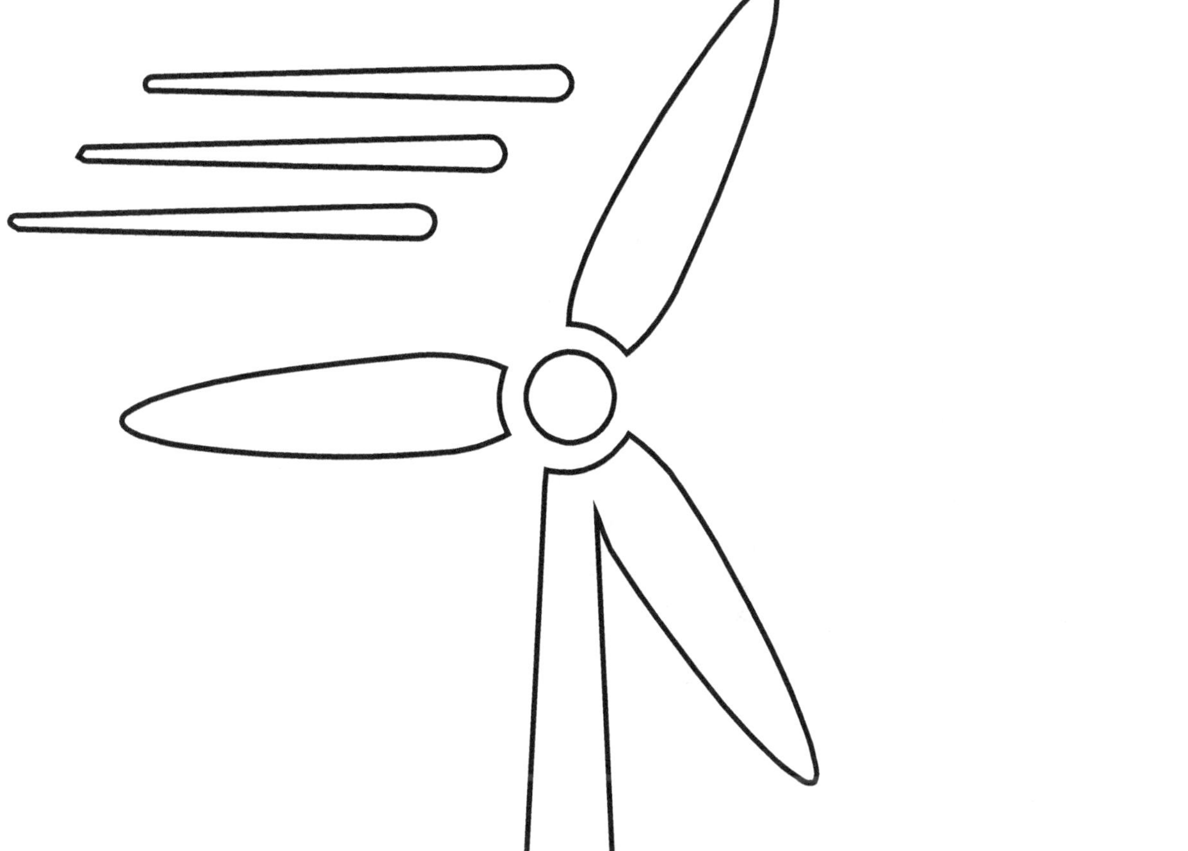

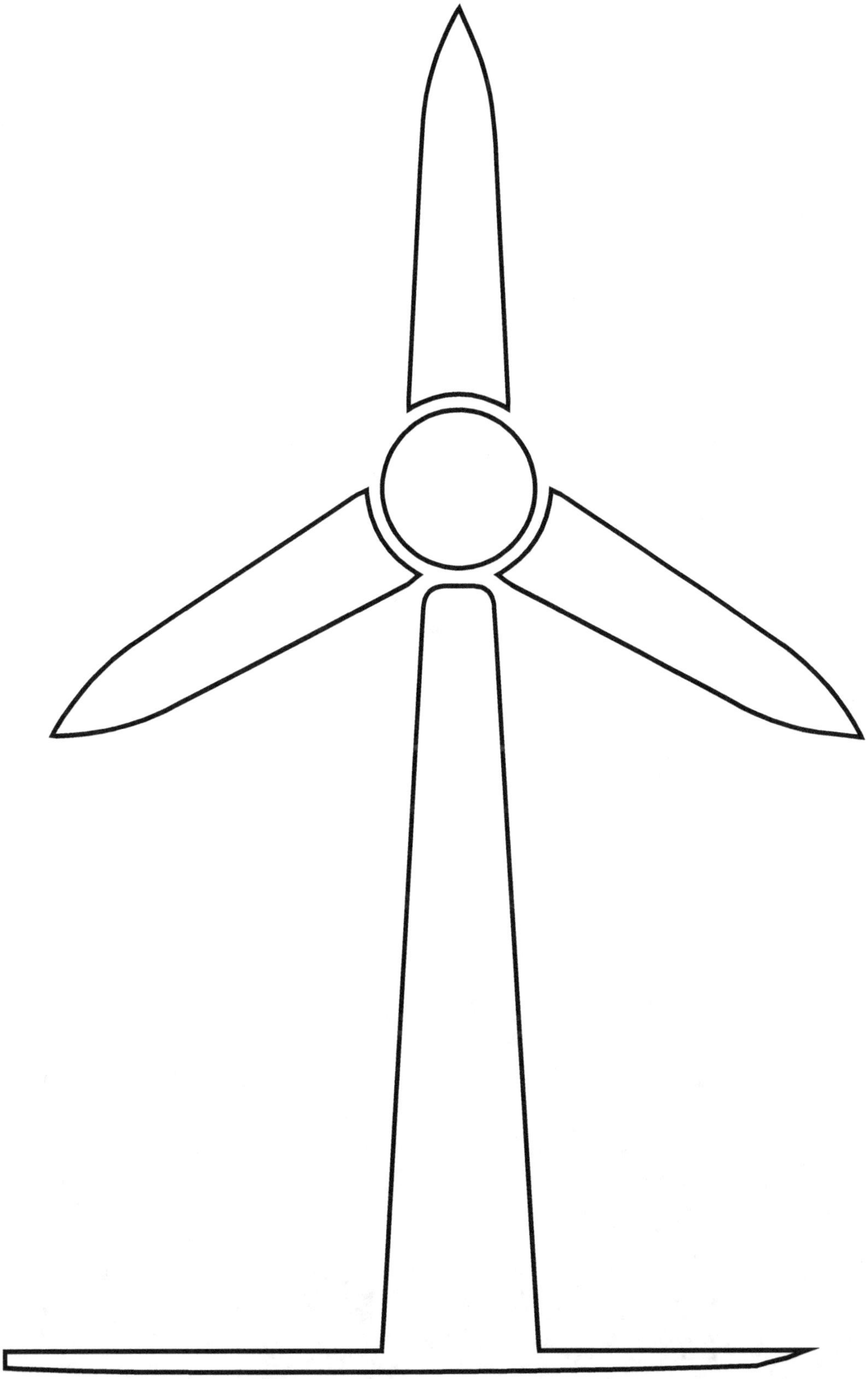

www.ingramcontent.com/pod-product-compliance
Lightning Source LLC
Chambersburg PA
CBHW080513220526
45465CB00006B/2466
* 9 7 9 8 6 5 0 7 6 2 0 2 7 *